Abraham Moszkowicz

Abraham Moszkowicz

*Liever rechtop sterven
dan op je knieën leven*

B L+ Bertram + de Leeuw Uitgevers

© Abraham Moszkowicz, 2012

Omslagontwerp: Bureau Beck
Omslagfoto: Suitable Images, Juliette Polak

NUR: 400
ISBN: 9789461560087

www.bertramendeleeuw.nl

Voor papa

"The usual criminal trial is like an iceberg, only onefifth of it can be seen, the remaining fourfifth is hidden. Yet the hidden fourfifth which, to the untrained eye, is never evident in the courtroom, is often the most important and most interesting part of the whole trial."
– Samuel S. Leibowitz

Inhoud

Chic en scabreus

Sinds ik hem – hij was toen nog een jonge hond – een verdachte in de houdgreep zag nemen in een Amsterdamse rechtszaal, weet ik dat de partijdigheid van Bram Moszkowicz heel ver kan gaan.

Zijn stijl van opereren is zo gebleven: chic als het kan, scabreus als het moet.

Dat hij later medewerkers van de Criminele Inlichtingen Eenheid (CIE) zou betitelen als gefrustreerde, geborneerde vlerken en een rechterlijk vonnis rechttoe rechtaan zou afdoen als teleologisch, infaam en abject, had niemand zien aankomen.

Maar welbeschouwd past het simpelweg in zijn opvatting hoe het recht de rechtsstaat rechtvaardig dienen kan, zoals een conclusie van dit boek kan luiden. Moszkowicz onthult tegelijk stukje bij beetje dat, behalve een bij tijd en wijle onderkoelde strafpleiter, onder zijn toga en bef een mens schuilgaat die mept als hij op zijn ziel wordt getrapt; de begrijpelijke reactie van een getergd vakman. Een credo dat op de tonen van Casals' Bach-vertolking bij verrassing zich ontknoopt als een romantische, explosief hartstochtelijke liefdesverklaring aan het metier dat hij koestert met gerechtvaardigde trots.

In dit boek legt hij zijn ziel – en zijn professionele geweten – een beetje bloot, en dat is eigenlijk voor 't eerst na diverse interviews waarin hij nauwelijks iets heeft meegedeeld. Zo creëert hij bijna ongemerkt het platform om publiekelijk, uit zelfverdediging, de aanval te openen op al diegenen die kennelijk willens en wetens het woordje scabreus bij voorkeur horen als scabieus, met de daarbij horende betekenis.

Wie niet horen wil, moet maar voelen.

Een boek, zou je zeggen, dat niet zonder gevolgen kan blijven.

Fred Soeteman, rechtbankverslaggever

Proloog

U zit op uw comfortabele televisiebank, achter uw pc of laptop, versnaperingen binnen handbereik, en op uw beeldscherm ziet u mij. Zwarte toga, witte bef, gebogen over het katheder, felle vragen afvurend op de schijnbaar weerloze rug van een getuige.

De man zweet, dept zijn voorhoofd. Hij zakt steeds verder onderuit, hij lijkt onder de tafel te willen verdwijnen. Misschien bent u midden in de uitzending gevallen, en vraagt u zich af waarom ik die arme man zo laf van achteren belaag.

Dat hij er zelf voor heeft gekozen mij niet aan te kijken, dat weet u wellicht niet.

De man is zo ongelukkig te spreken over een 'professionele antenne', die hem heus wel even heeft doen aarzelen op het verkeerde moment op de verkeerde plaats te zijn. Misschien denkt u dat ik er een duivels genoegen in schep die woorden, van die treurige, bleke man, uit te wringen tot er van hem niets overblijft dan wat beschaamd gestamel.

Dat hij een van de raadsheren is die dit proces doorgang hebben doen vinden – dat weet u wellicht niet.

Vanachter het katheder vraag ik of die zogenaamde antenne niet op zijn minst half defect was, waarom die niet had kunnen voorkomen dat de raadsheer tijdens een etentje een getuige in het proces Wilders willens en wetens probeerde te beïnvloeden, ik vraag of die antenne...

U ziet hoe ik mij in die woorden en die rug vastbijt, en dat ziet u goed. Dat is exact wat ik doe. Maar de manier waarop u dat interpreteert, kan verschillen. Misschien mag u Wilders niet zo, en herkent u in de toga die de getuige in de rug aanvalt een van de bloedeloze aanklagers uit *Het Proces* van Kafka. Misschien bent u een goede bekende van de raadsheer, en steekt het u hem daar te zien zitten. Of misschien bent u wel journalist, en irriteer ik u omdat we ooit een onaangenaam gesprek hebben gevoerd. *Such is life.*

Maar wie weet – het is in het geheel niet onwaarschijnlijk, of u nu werkt als groenteboer, kunstenaar, bouwvakker of docent – bent u gewoon een geïnteresseerde, goed geïnformeerde, neutrale kijker, en ziet u mij voor wat ik ben: strafpleiter.

Want dat is wie ik zie, als ik terugdenk aan die wonderlijke scène in de Amsterdamse rechtbank op 13 april 2011: simpelweg een strafpleiter, een doodgewone man die zich vijfentwintig jaar lang heeft bekwaamd in het verdedigen van eenieder die wordt verdacht van strafbare feiten. Of ik nu Wilders, Bouterse, of Holleeder verdedig, of een onbekende dame die op klaarlichte dag in de Albert Heijn haar nieuwe vriend door het hoofd schiet – mijn taak is steeds dezelfde. Iedereen verdient rechtsbijstand, en iedereen die enig besef heeft van ons rechtssysteem begrijpt dat. Het lijkt zo'n eenvoudig idee. Het lijkt zo voor de hand te liggen. En toch heb ik deze zin vijfentwintig jaar lang op straat, in restaurants en cafés, voor camera's en microfoons als een mantra moeten herhalen.

'Hoe kun je zo'n ongelooflijke schoft verdedigen? Iedereen weet toch wat 'ie heeft gedaan? Wat is er mis met jou dat je met droge ogen durft te beweren dat 'ie onschuldig is?'

'Iedereen verdient rechtsbijstand.'

'Allemaal leuk en aardig, maar zo'n verdorven klootzak ook?'

'Ik oordeel niet over de mate van verdorvenheid van mijn cliënten. Ik behandel hun zaken conform de vragen die de wet ons voorlegt.'

'Je bent een mooie droogkloot, Bram, maar...'

Niks te maren. Ik begrijp de emoties, en toch kan ik niet verhullen dat ik na vijfentwintig jaar in het vak voor dit soort vragen steeds minder geduld weet op te brengen. Vandaar dat ik besloot dit boek te schrijven. Op papier heb ik de ruimte om het allemaal nog eens rustig uit te leggen. Dat ik niet de misdaad, maar de verdachte verdedig. Dat ik nog nooit iemand heb ontmoet die beantwoordt aan de karikatuur van de door en door slechte mens. Dat zaken die op het eerste gezicht heel eenvoudig lijken, vaak buitengewoon ingewikkeld zijn.

Neem nu die mevrouw in de Albert Heijn. De moord op haar vriend viel moeilijk te ontkennen. Was ze verdorven, was ze gek? Nee, zo simpel is het niet. Haar vriend had zich niet alleen aan haar, maar ook aan haar dochter vergrepen. Probeert u zich dat eens voor te stellen. Vraagt u zich eens af of dat ook u niet tot het uiterste zou kunnen drijven.

Wat dat uiterste behelst, is voor iedereen verschillend. Maar de kans dat ook u op een dag een raadsman zoekt die de kunst verstaat de kluwen van gebeurtenissen die u voor het hekje heeft gebracht in een gloedvol pleidooi te ontrafelen, is groter dan u misschien denkt. Dan zal mijn mantra u ineens heel anders in de oren klinken. Dan zult u van nabij kunnen meemaken hoe belangrijk, en hoe mooi mijn vak kan zijn – hoe vreemd dat soms ook moge klinken.

Natuurlijk hoop ik dat het met u zo ver niet zal komen. Ik hoop van harte dat u nooit dichter op de huid van een strafpleiter zal hoeven zitten dan vandaag, terwijl u dit boek leest.

HOOFDSTUK I

What's in a word?

Stelt u zich voor: maandagochtend, 4 oktober 2010. Een rechtszaal in Amsterdam. Er zijn tafels, stoelen, er ligt blauw tapijt, en op een muur vormen rode en zwarte lijnen een patroon waar naar alle waarschijnlijkheid ooit over is nagedacht.

Het is vroeg. Er is nog niemand. De rechters, de officieren van justitie, de advocaten van de vermeende slachtoffers, Wilders en zijn beveiligers, de journalisten, de griffiers en ik: allemaal staan we in de file. We nemen nog snel notities door, we eten een broodje, sommigen van ons bellen met secretaresses, sommigen van ons roken een sigaret.

De rechtszaal die straks in het middelpunt van de nationale en internationale belangstelling zal staan, is nu nauwelijks van een andere zaal in willekeurig welk Nederlands overheidsgebouw te onderscheiden. Zij kent dezelfde halfhartige pogingen tot moderne kunst, dezelfde kruimels volkorenbrood langs de plinten. Het interesseert haar niet in het minst dat wij eraan komen. Of ze ons nu onderdak zal bieden of u, uw buurvrouw of uw schoonzoon: het is haar om het even. Ook van wat men op deze vroege ochtend in Maastricht, Den Haag, Almelo of Tokio kwinkeleert en twittert over vrijheid van meningsuiting, de islam en het proces van de eeuw heeft zij geen weet.

Op zichzelf is zij niet meer dan een ruimte, die pas betekenis krijgt wanneer wij haar waarnemen als de bestemming die de overheid die ruimte heeft gegeven: die van de zaal waarin meneer of mevrouw x terecht zal staan voor de verdenking van feit y.

Net zo onverschillig als die zaal was toen ik nog in de file stond, net zo zonder verwachtingen, zo zou ook Vrouwe Justitia moeten zijn – het is niet voor niets dat zij een blinddoek draagt. Ook haar moet het niet uitmaken wie haar bezoekt. En ook zij hoort geen weet te hebben van al wat er buiten haar directe gehoorveld wordt afgekletst en afgeleuterd. Zij zou – hebt geduld, de vergelijking is zo gek nog niet – ook niet meer dan een veilige ruimte moeten bieden, waarbinnen aan de hand van de democratisch vastgestelde verzameling woorden, zinnen en alinea's die wij wetten noemen wordt getoetst wie schuld valt toe te kennen en wie niet.

Ja, dat zou prachtig zijn. Dat zou geweldig zijn. Maar wat bleek, diezelfde dag, een paar uur later, in diezelfde zaal? Vrouwe Justitia had niet alleen haar blinddoek aan de wilgen gehangen, maar las ook kranten en keek televisie.

Misschien denkt u: het recht als een lege zaal, als een geblinddoekte vrouw; wat klinkt dat kil. Wat koud.

'Het gaat toch om ménsen?' hoor ik sommigen van u al roepen.

U hebt volkomen gelijk. In die rechtszaal wordt door de dienaars van het systeem waarvoor Vrouwe Justitia symbool staat beslist over het lot van mensen. Mensen als u en ik. En juist om die reden is het zo belangrijk dat het voor de rechter geen verschil maakt wie hij voor zich vindt, dat iedereen die dat domein betreedt voor hem even onbekend en anoniem is – en daarmee gelijk. De rechter mag er strikt genomen zelfs niet vanuit gaan dat de persoon die op enig moment voor zijn hekje verschijnt degene is die hij daar had verwacht. Hij mag dat pas tijdens de zitting vaststellen, zo vertelt ons het *onmiddellijkheidsbeginsel*: de rechter mag alleen oordelen op grond van wat door de officier van justitie ter zitting wordt aangeleverd als bewijs.

Tot die tijd weet hij niks, verwacht hij niks, heeft hij geen mening. Hij moet, ter plekke, achter zijn tafel, uit eigen waarneming opmaken wie die persoon is, waarvan hij wordt verdacht, en of die verdenking op voldoende bewijs is gestoeld. Hij dient niets vanzelfsprekend te vinden, net zoals voor ons wetboek niets voor de hand ligt – het legt bijvoorbeeld voor de duidelijkheid ook nog even uit wat 'eigen waarneming' precies wil zeggen: 'Onder eigen waarneming van den rechter wordt verstaan die welke bij het onderzoek op de terechtzitting door hem persoonlijk is geschied.'

Een beetje overdreven, zullen sommigen van u zeggen.

(Anderen zeggen misschien: 'Wanneer begint 'ie nou over topcriminelen, megazaken, scooters en Italiaanse overhemden?' Hebt geduld, dat komt wel. Maar eerst hamer ik nog even fijn op dit punt door. We hebben het hier immers over de absolute *bottom line* van alle verhalen die ik hierna nog met u wil delen.)

Aan hen die zich afvragen waarom het wetboek zich zo

muggenzifterig moet bezighouden met zaken als de definitie van 'eigen waarneming', zou ik de volgende zin willen voorleggen: 'De rechtbank heeft het dossier gelezen, maar de rechtbank leest tegenwoordig ook kranten en kijkt ook televisie.'

We zijn terug in de Amsterdamse rechtszaal op 4 oktober 2010: de eerste procesdag van het proces Wilders.

'De rechtbank leest ook kranten en kijkt ook televisie tegenwoordig.'

Een moment vroeg ik me af of ik dit correct had opgevangen. Ik speelde de zin van Jan Moors, de voorzitter van de rechtbank, terug in mijn hoofd. Ik herhaal: 'De rechtbank heeft het dossier gelezen, maar de rechtbank leest tegenwoordig ook kranten en kijkt ook televisie.'

De verbazing over die zin maakte haast dat ik de volgende zinnen, gericht aan mijn cliënt, en minstens zo spectaculair, miste: 'U wordt nog wel eens verweten, door anderen, dat u goed bent in het poneren van een stelling, maar de discussie uit de weg gaat. En het lijkt er een beetje op dat u dat nu vandaag ook weer doet.'

Mijn cliënt, die zich mede op mijn aanraden op zijn zwijgrecht had beroepen, keek al even verbluft als ik. Was hij hier niet omdat hij werd verdacht van het opzettelijk beledigen van een groep mensen, het aanzetten tot haat en het aanzetten tot discriminatie?

En zo ontspon zich een absurde dialoog, die in een roman van Gogol niet had misstaan.

Mr. Abraham Moszkowicz: 'Die vraag beantwoord ik voor mijn cliënt. Ik merk dat u de kranten leest, en dat u kennelijk meent te kunnen beoordelen of meneer Wilders de discussie uit de weg gaat.'

Mr. Jan Moors: 'Dat wordt wel eens gezegd...'

Mr. Abraham Moszkowicz: 'Dat vind ik prima allemaal, dat u kennelijk vindt dat dat uit de kranten te halen is. Dat is uw goed recht. Mijn cliënt beroept zich op zijn zwijgrecht. U weet als geen ander dat hij dat wettelijke recht heeft. Dat doet hij mede op advies van mij, en of meneer Wilders zich nu wel of niet begeeft in discussies, of dat hij die uit de weg gaat, vind ik volstrekt irrelevant.'

Mr. Jan Moors: 'Ehm... Heeft een van mijn collega's een vraag?'

Dit was letterlijk wat er werd gezegd, ik laat voor het gemak alleen weg dat ik nog kort inging op het even zo vreemde verzoek van de rechtbank aan mijn cliënt om zich na elke vraag die hem zou worden gesteld opnieuw op zijn zwijgrecht te beroepen – ik wil u niet bovenmatig vervelen. Maar deze korte dialoog, hoe absurd ook, was wat mij betreft van groot belang.

Eerder hadden we het over het onmiddellijkheidsbeginsel. We hadden het over de exacte definitie van de woorden 'eigen waarneming'. En wat gebeurt hier? De rechtbank geeft, weloverwogen, want na een korte pauze nota bene, te kennen dat het er helemaal niet om gaat wat daar, in die rechtszaal, op dat moment aan hen wordt voorgelegd: men geeft te kennen mijn cliënt al lang door te hebben.

'U wordt nog wel eens verweten, door anderen...'

Wat er op dat moment in de rechtbank is gezegd en zal worden gezegd, door mij, door de advocaten van de tegenpartij, en welk bewijs er op tafel komt – blijkbaar doet het er niet toe. Niet nader gespecificeerde 'anderen' hebben de rechtbank al ingelicht over het karakter en gedrag van mijn cliënt.

Stel, u bent een man, u staat voor de rechter, en u wordt ervan verdacht het ondergoed van de buurvrouw van haar waslijn te hebben gestolen.

'Ik heb het niet gedaan', zegt u. 'Ik was niet eens in de stad! Ik was aan het werk, aan de andere kant van het land!'

'Tsja', zegt de rechter. 'Misschien is dat zo, misschien is dat niet zo, maar ik heb toevallig van verschillende lieden uit uw buurt gehoord dat u een beetje een raar ventje bent.'

'Wie zegt dat dan?!'

'Nou ja', antwoordt de rechter, 'dat wordt wel eens gezegd.'

Dan zou u toch kunnen beginnen te vermoeden dat de rechter of incapabel is en veel te nonchalant met zijn taak omspringt, of dat hij u hoe dan ook wil zien hangen.

Laten we er even van uitgaan dat hij in werkelijkheid niet partijdig is, en dat hij het beste met u en iedereen voorheeft. Dat hij enkel incapabel is. Dat hij niet in staat is de implicaties van mijn verhaal over de lege rechtszaal en de Vrouwe met de blinddoek te doorgronden, en dat hij niet weet wat hij zegt. Vindt u dat dan minder kwalijk?

Ik niet. De rechtsstaat wordt in Nederland eerder bedreigd door incapabele dames en heren dan door partijdige.

Wij leven gelukkig in een land waar we er niet vanuit hoeven te gaan dat een rechtbank partijdig is. Maar een paar slordig geplaatste woorden van een onhandige voorzitter van een rechtbank kunnen wel degelijk de *schijn* van partijdigheid wekken, zeker in een zaak als die van Wilders, waarin immers een politicus die felle voor- en tegenstanders kent de hoofdrol speelde, een rechtszaak die nu juist draaide om... woorden.

Er wordt mij wel eens gevraagd wat de 'methode Moszkowicz' inhoudt. Welnu, de kern van die methode, die mijn broers en ik uit ervaring, maar ook door de lessen van onze vader hebben geleerd, heeft alles met het bovenstaande te maken, en is misschien als volgt duidelijk te maken: wij zien de wet als een verzameling woorden, zinnen, alinea's, waarin elk leesteken, elke letter en elke lettergreep een betekenis en functie heeft die wij dienen te doorgronden, zoals je de betekenis en functie van de afzonderlijke noten, maar ook de melodische frases en de lijnen in een fuga van Bach dient te doorgronden om hem werkelijk te horen. De fuga's van Bach zouden niet zo majestueus zijn, zo precies zijn, zouden niet zo *kloppen* als hij hier en daar, in een moment van vermoeidheid of onverschilligheid, zomaar even een nootje had neergepend. In zijn werk staat elke noot op zijn plaats. Zo moet in ons werk ook elk woord op zijn plaats staan.

Wat kil, denkt u misschien opnieuw, wat koud. Er bestaan ook mensen die dat van de muziek van Bach zeggen. Hoe dat mogelijk is, weet ik niet. Maar ik begrijp wel dat een leek onze methode koud en kil kan vinden, wanneer ik zeg dat die procedureel is, en technisch, en droog.

Toch hoop ik dat ik hier al enigszins heb kunnen verklaren waarom ik zo werk: een paar misplaatste woorden kunnen net als een paar verkeerd gespeelde noten in de

Goldberg-variaties het hele bouwwerk, een pleitnota bijvoorbeeld (al zou ik die nooit met de variaties durven vergelijken), in elkaar doen donderen.

En ik kan het u nog sterker vertellen: dit alles zou niet alleen voor het werk van mijn broers en mij moeten gelden, maar ook voor dat van alle andere advocaten, voor alle officieren van justitie, voor alle rechters.

Wees precies. Weet waar u het over hebt. Laat u niet afleiden door rumoer, door een eventuele kermis rond de rechtszaal, door tijdsdruk, geld of ander gewin; lees de letter van de wet. Ik weet dat het niet eenvoudig is, dat er vaak allerlei soorten druk zijn die moeilijk te negeren vallen, maar wíj zijn het die door nauwkeurig te zijn de rechtsstaat overeind moeten houden.

En ja, ik weet ook heus wel dat sommigen onder u – journalisten, collega's in de marge – het vreemd vinden dit van mij te horen. En we komen ook heus over de vriendin en de snelle auto's en de maatpakken nog wel te spreken. Maar nu keren we nog heel even terug naar die wonderlijke zinnen op die wonderlijke maandag in oktober.

'U wordt nog wel eens verweten, door anderen, dat u goed bent in het poneren van een stelling, maar de discussie uit de weg gaat. En het lijkt er een beetje op dat u dat nu vandaag ook weer doet.'

Het lijkt er een beetje op. Wij hebben zo eens wat zitten mijmeren en dachten dat het er een beetje op lijkt dat u...

In de toelichting op mijn wrakingsverzoek, voor de leden van de wrakingskamer, die in allerijl waren opgetrommeld nadat mijn cliënt en ik tijdens een pauze hadden besloten dat de achteloos gestrooide zinnen van deze verder zo vriendelijke Jan Moors toch werkelijk de *schijn* van partijdigheid wekten, lichtte ik toe waarom deze opeenvolging van woorden wat ons betreft niet uit de mond van de voorzitter van de rechtbank had moeten komen. Ik herhaalde de eerste twee zinnen, die op zich al prachtig waren, en vervolgde: 'Nu de laatste zin: "Het lijkt erop dat u dat nu vandaag ook weer doet." Dat is een zin die rechtstreeks voor rekening en verantwoording komt van de rechters die zich moeten gaan buigen over de zaak van meneer Wilders. Niet: "dat u dat nu doet", maar "dat u dat nu vandaag *ook weer* doet". Daarmee, vind ik, heeft de rechtbank de eerste twee zinnen tot de hare gemaakt.'

Sprak ik voor mijn lol zo? Houd ik er nu eenmaal van over een paar woorden te zeuren? Wilde ik lekker heibel maken, zoals mij in de media, in opiniestukken wel werd en wordt verweten?

Denkt u eens aan die ruzies die u met geliefden ongetwijfeld ooit heeft gehad. Van die ruzies die eigenlijk nergens over leken te gaan, waarvan u achteraf tegen elkaar zei: 'Dat was helemaal niet nodig geweest.' Zinloze ruzies dus, maar vreemd genoeg was daarna wel het porselein dat nog van oma was geweest aan stukken, waren de kinderen wakker en in tranen, was de bejaarde bovenbuurvrouw nog altijd met haar stok aan het rammen op haar vloer en uw plafond. Wat waren de woorden die maakten dat u zich zo zinloos op elkaar afreageerde?

'Je bent *weer* later thuis dan je beloofd hebt, je hebt *weer* een ouderavond gemist. Je komt *nooit* je afspraken na, en je komt *altijd* te laat.'

Zie hier waarom het porselein aan stukken was: met elke tijdbepaling, met elk oneigenlijk argument, ging er een bord of een kopje tegen de muur.

'Dit is de eerste, nou ja, tweede keer ooit dat ik een ouderavond heb gemist! Waarom heb je het nou *altijd* over *weer* en *altijd*?'

'Dat is nou zo makkelijk, hè. Ik héb het niet altijd over altijd! Jij hebt het altijd over altijd! Zei jij niet net dat ik het altijd heb...'

De hele functie van een rechtbank is nu juist, dat zij niet met u in discussie gaat als uw partner, uw vriend of vijand. Dat zij conflicten die op de keukenvloer beginnen en die – God verhoedde het – in de rechtszaal eindigen, opbreekt in kleine scherven en bij elke scherf vraagt: 'Wanneer en waar hebt u deze gevonden? Goed, op die en die dag, maar hoe laat precies?'

En als u niet wilt antwoorden, dan mag u zich beroepen op uw zwijgrecht, en dan hoort de rechter geen partner te zijn die snauwt: 'Zie je wel, nu doe je het *weer*!'

Als hij of zij dat wel doet, zal ik de rechtbank moeten wraken. In mijn wrakingsverzoek schreef ik dan ook: 'Dat (Wilders) door de voorzitter van de Rechtbank, waarin hij zijn vertrouwen moet stellen, op deze wijze is aangesproken over het inroepen van zijn recht, een van de weinige rechten die hij heeft, heeft bij hem de gedachte doen postvatten dat er geen sprake kan zijn van een behandeling door een onbevooroordeelde rechtbank. Dat levert de schijn van partijdigheid op en daarmee moet dit wrakingsverzoek gegrond worden verklaard.'

Wraking. Een woord dat plotseling overal te horen was. In huiskamers, supermarkten en televisieprogramma's. Het is natuurlijk ook een prettig woord: het rolt zo lekker van achter uit de keel over de tong, en iedereen denkt te begrijpen wat het inhoudt – het lijkt immers verdomd veel op 'wraak', nietwaar?

Maar toch heeft het met de huis-tuin-en-keukenbetekenis van wraak niet veel te maken. Het is niet zo dat ik me persoonlijk door de rechter geschaad voel, en hem nu eens flink terug wil pakken. Ik heb hier de ongelukkige voorzitter van de rechtbank Jan Moors meerdere keren aangehaald, en ik zal dat later nog eens moeten doen, wanneer we een aantal andere interessante perikelen in het proces Wilders bespreken. Daar kan ik niet omheen, maar u begrijpt ongetwijfeld wel dat de persoon Bram Moszkowicz met de persoon Jan Moors geen enkel probleem heeft. Hij lijkt me een buitengewoon aardige en zachtmoedige man. Een wrakingsverzoek is simpelweg een van de juridische instrumenten die tot mijn beschikking staan, een instrument dat ik zal gebruiken wanneer ik voldoende argumenten denk te hebben om aan te tonen dat de rechtbank de schijn van partijdigheid wekt.

'Wilders zet trend met wraking rechtbank', kopte de Volkskrant, in november 2010, kort na onze tweede, succesvolle, wraking.

'Het aantal wrakingsverzoeken is explosief toegenomen sinds pvv-leider Geert Wilders vorige maand de rechtbank met succes wraakte. Sinds Wilders' advocaat Moszkowicz de Amsterdamse rechtbank wraakte, zijn bij de rechtbank in Rotterdam elf wrakingsverzoeken binnengekomen. In dezelfde periode vorig jaar gebeurde dat één keer.'

Ten tijde van het proces leek het er, aan al het rumoer buiten de rechtbank te horen, haast op dat men dacht dat dit instrument plotseling voor Wilders was ontwikkeld. Onzin natuurlijk.

Het feit dat het toen meer bekendheid heeft gekregen, en het aantal wrakingsverzoeken sindsdien flink is gestegen, is op zichzelf niet positief of negatief te waarderen. Het gaat erom dat het middel juist wordt ingezet. Als nu allerlei verdachten te pas en te onpas tegen hun advocaten roepen, 'Wráák ze!', dan wordt daar op zich niemand beter van. Maar als de bekendheid van de leek met dit middel maakt dat men er vaker, *wanneer daar voldoende aanleiding voor is* – denk aan de zaak van het gestolen ondergoed – bij de raadsheer op aandringt de rechtbank te wraken, dan kan ik daar tevreden mee zijn. Dan zullen minder advocaten dan voorheen, op het moment dat een wrakingsverzoek volkomen gerechtvaardigd is, twijfelen omdat ze ooit zelf nog eens achter die tafel willen zitten, en dus de toorn van de rechterlijke macht vrezen.

Vreemd ook aan al het rumoer – dat later alleen nog maar luider zou worden – was dat men mij er onmiddellijk van beschuldigde schade toe te brengen aan de rechtsstaat. Maar wat als ik de frivole opmerkingen van Moors aan me voorbij had laten gaan? Had men dan niet gemopperd? Was er dan niet een zweem van partijdigheid over die eerste dagen blijven hangen? Wraking is nu juist een procedure die is bedacht om de onafhankelijkheid en onpartijdigheid van de rechtbank te verzékeren.

Ik dien een verzoek in, en een onafhankelijke, meervoudige wrakingskamer buigt zich daarover, om vast te stellen of er voldoende gronden zijn waarop men de schijn van partijdigheid van een of meer rechters kan aantonen. Nogmaals: niet de partijdigheid per se, maar de *schijn* van partijdigheid. Want wanneer die schijn wordt gewekt, is de schade aan de rechtsstaat al gedaan. Vindt de kamer dat er van zulks geen sprake is – of ik het daar, zoals op die maandag in oktober, nu mee eens ben of niet – dan hebben mijn cliënt en ik ons daar bij neer te leggen. Kortom: de wrakingsprocedure is een mooi voorbeeld van de werking van een rechtsstaat in optima forma.

Maar goed. In alle ophef rond dit proces had niet iedereen zin rustig de feiten te contempleren. Er werd voor het gemak vaak vergeten dat het mij niet enkel en alleen om een paar onhandige zinnen ging, maar dat de ontstaansgeschiedenis van deze zaak maakte dat het er hier *meer dan ooit* om ging de schijn van partijdigheid te voorkomen. Natuurlijk zal ik die geschiedenis later nog uitgebreid uit de doeken doen, natuurlijk komen we nog te spreken over etentjes dan wel diners, over een beschikking in een binnenzak. Nu zou ik willen volstaan met een ander mantra van mij: houd zaken die verschillend zijn gescheiden. Wanneer men riep dat ik er een politiek proces van maakte, verwarde men mij met mijn cliënt. Wilders zei dat het een politiek proces was, ik noemde het een strafzaak met een politiek tintje. Er stond een politicus terecht, de zaak handelde over de vrijheid van meningsuiting van die politicus. Hij stond niet terecht voor verduistering of een verkeersovertreding.

Wanneer men riep dat ik erop uit was om vertragingstechnieken toe te passen of zo veel mogelijk lawaai te maken, dan verwarde men het vak van advocaat met het vak

van een pr-adviseur. Dat zoiets af en toe in het café gebeurde, daar kan ik nog wel bij. Maar dat collega's – laat ik
geen namen noemen, wanneer ik het heb over bijvoorbeeld
Jansen en Jansens uit het hoge noorden – of publicisten – er
waren er bij die graag schaken, laten we zeggen Max P. te
A. – diezelfde fout maakten, dat gaat mijn pet nog steeds te
boven.

De eersten meenden naar buiten te moeten brengen dat
Wilders eerst een beroep op hen had gedaan, en dat hij hen
op het hart had gedrukt zo veel mogelijk heibel te maken.
Natuurlijk hadden de schatten dat over diezelfde hartjes
niet kunnen verkrijgen.

De laatste meende te moeten schrijven: '(Moszkowicz)
wekte voortdurend de indruk een gewiekste advocaat
te zijn, maar in feite heeft hij niets anders gedaan dan de
rechtsgang te vertragen met allerlei details en onbenullig-
heden.'

En dit is slechts een kleine greep uit de warme aandacht
waarin ik en mijn wrakingensverzoeken zich mochten verheugen. Mislukte een wraking, dan wilde ik de boel trai-
neren en rotzooi schoppen. Had een wraking succes, dan
tastte ik de geloofwaardigheid van de rechtsstaat aan.

Ik zou hier niet zo lang bij stilstaan als ik al dit geklets
kon afdoen als ongein. Ik wist natuurlijk best dat ik als
raadsman van Wilders de nodige kritiek over me heen zou
krijgen, en ook zonder een zaak van die orde haal ik met
enige regelmaat de creatieveling in collega's en pers naar
boven. Het zij zo. Maar het steekt me wanneer mijn professionaliteit, de serieuze manier waarop ik, zoals ik zojuist
heb geprobeerd uit te leggen, mijn vak bezie, aldus in twij-

fel wordt getrokken. Net zoals ik een ander eraan herinner precies te zijn, zich niet door rumoer, door een kermis rond de rechtszaal, door tijdsdruk, geld of ander gewin te laten afleiden, herinner ik mijzelf daar elke dag aan. Zou ik mijn eigen glazen niet ingooien als het anders was? Als ik ergens altijd serieus genomen wordt, dan is het in de rechtszaal. Zou ik dat op het spel zetten voor de politieke belangen van mijn cliënt? Het is zeer bedenkelijk dat men dat zelfs maar kan bedenken.

Een van de eerste lessen die ik van mijn vader leerde, luidde: 'Als je niks te vertellen hebt, Bram, houd dan je mond.' Met andere woorden: word niet zo'n advocaat die denkt onzin te kunnen verkopen door om elk woord een strik te binden. En word niet zo'n mens.

HOOFDSTUK 2

Waar ik vandaan kom

Stoffen om een jurk of een broek van te naaien. Melk, kaas en boter. Zulke alledaagse dingen kunnen leiden tot een verbintenis die sterk genoeg is om een oorlog, het kamp, vooroordelen en een langdurige, tumultueuze carrière te overleven.

Het was in de textielwinkel van mijn grootvader van vaderskant dat Berthe Bessems, mijn moeder, kennismaakte met Max Moszkowicz, mijn vader. Pubers waren het. Mijn moeder herinnert zich nog hoe ze dat gymnasiastje de winkel binnen zag wandelen. Hij kwam net terug van school. Ze herinnert zich zelfs de eerste vlinders in haar buik – maar Max gaf geen sjoege.

'Geef haar eens een hand', zei zijn vader.

'Ik moet werken', zei hij in het Jiddisch, en vloog de trap op om in de woning boven de winkel zijn hoofd in de boeken te steken; al eeuwenlang voor onhandige jongens een uitgelezen methode om een blos te verbergen.

Niet ver weg, in het dorpje Amby, op de herenboerderij van mijn grootouders van moederskant, kochten de Moszkowiczen hun eieren, melk, kaas en boter. Het was een familie van het soort welgestelde boeren dat regelmatig een kaartje legde met de notabelen van de streek. En bovenal waren het mensen met een groot hart, die niet te beroerd waren om na de bevrijding een zieke, verwilderde jongeman op te vangen, te voeden en te verzorgen alsof het hun eigen zoon betrof.

Maar ik ga te hard. Zover is het nog niet. Misschien wil ik te graag al aan genezing, aan herstel denken; hoe mijn vader appels plukte, de koeien melkte, en langzaamaan weer mens werd.

Hoe het ook zij, en of ik nu wil of niet: eerst moeten we terug. Helemaal terug naar de Karpaten, naar het veelvuldig bevochten stuk land dat tegenwoordig de grensstreek van Polen en Oekraïne is. Ooit noemde men het Galicië. De Oostenrijkers streden er met de Russen, de Russen met de Polen, de Polen met de nazi's en de Sovjets – en, wie er ook met wie vocht, de Galicische joden konden rekenen op een flink pak slaag van iedereen. Pogroms waren er eerder regel dan uitzondering.

S. Anski heeft van de pogroms in deze streek in zijn boek *The Enemy at His Pleasure* verslag gedaan, en schrijft (in de vertaling van Carl Friedman) hoe een jood in de stad Sokal hem vertelt: 'Ze hebben Sokal verwoest. De hele week hebben ze geplunderd en geranseld. Een paar honderd joden zijn afgeslacht of verminkt. De klokkenmaker is vermoord, hij laat een vrouw en acht kinderen achter. Er zwerven weeskinderen door de bossen, en niemand weet wat er met hun moeders is gebeurd. Een Kozak heeft met zijn zwaard de arm van mijn dochter afgehakt.'

In welk jaar, en voor welke pogrom mijn grootouders precies op de vlucht zijn geslagen is mij onbekend, maar vaststaat dat verschrikkingen als deze hen naar Essen, Duitsland hebben gedreven, waar in 1926 mijn vader Max werd geboren, en een paar jaar later een meisje, Helga. Veel tijd om in Essen een stabiel leven op te bouwen kregen mijn grootouders niet. In 1933 werd Hitler benoemd tot Rijkskanselier, en in tegenstelling tot Chamberlain had mijn grootvader voldoende jodenhaat meegemaakt om te weten dat het niet lang hoefde te duren voordat Hitlers woorden werkelijkheid werden.

Opnieuw raapten hij en zijn vrouw hun bezittingen bij elkaar, en opnieuw gingen ze op weg, op zoek naar een plek waar het gezin ongestoord kon bouwen aan een toekomst, zonder vervolgd te worden door antisemieten van welke nationaliteit dan ook. Die plek had voor hen Maastricht moeten zijn. Koningin Wilhelmina had er geen misverstand over laten bestaan dat joodse vluchtelingen in Nederland zeer welkom waren, en misschien kozen ze in Nederland juist voor dat stadje omdat het relatief dicht bij Essen in de buurt lag.

Aan de Grote Gracht (destijds de Groote Gracht) opende mijn grootvader een handel in 'schmattas', stoffen. Even leek het erop dat Maastricht inderdaad de oase was waarnaar ze hadden gezocht. Het marktplein was om de hoek, er was uitzicht op de toren van het stadhuis, er kwam eten op tafel, er was een hond. Mijn vader volgde de lagere school, en ging daarna naar het gymnasium. Er werd nog een jongetje geboren: Jossele. Er kwam, zoals gezegd, af en toe een leuk meisje in de winkel dat Berthe Bessems heette.

En hier wilde ik, vilein, zoals u dat van me gewend bent, onze minister-president Colijn aanhalen en schrijven: 'En ze dachten voortaan rustig te kunnen slapen, zelfs in 1939 nog, aangespoord door de premier die na de Duitse bezetting van Polen in zijn onmetelijke wijsheid sprak: "Gaat u rustig slapen, de regering waakt over u."'

Die zin is een gevleugelde uitdrukking geworden, die te pas en te onpas wordt gebruikt, maar ik vroeg me ineens af: wanneer zei hij dat precies? Hoe luidde de tekst exact?'

Elk woord telt. Je moet geen onzin verkopen, Bram. Alleen maar omdat je al zo vaak gehoord hebt dat Colijn toen...

Wilt u echt iets weten? Geloof dan niemand, en doe zelf onderzoek. Het was al op 11 maart 1936, bij Hitlers herbezetting van het Rijnland, dat Colijn zijn burgers via de radio toesprak en eindigde met de woorden: 'Ik verzoek den luisteraars dan ook om, wanneer zij straks hun legersteden opzoeken, even rustig te gaan slapen, als zij dat ook andere nachten doen.'

Zo ziet u maar. En ik ook. Maar, toegegeven, voor mijn vader, zijn zus, zijn broertje en zijn ouders maakte het weinig uit. Colijn wist hen hoe dan ook niet te beschermen. Er volgden jaren van bezetting en slecht nieuws, er kwam steeds minder eten op tafel, en eind 1941, begin 1942 kwam er een dag waarop het gezin Moszkowicz werd opgeroepen in Duitsland te gaan werken. En toen...

En toen?

Wanneer Colijn zijn beroemde slaapliedje zong, en wat zijn tekst precies was, valt bij twijfel heel goed te achterhalen. Historici hebben het opgetekend, er is internet, er zijn knipselmappen en vele getuigenissen.

Wat ik in de vorige paar pagina's over de vlucht van mijn Galicische voorouders heb geschreven, is in zoverre accuraat dat de plaatsbepalingen en de algemene omstandigheden correct zijn weergegeven; daarvoor zijn genoeg bronnen. Maar toch gaf ik ook aan bijvoorbeeld niet precies te weten in welk jaar, en voor welke pogroms mijn grootouders op de vlucht sloegen en in Essen belandden. In die geschiedenis schuilen onzekerheden en onnauwkeurigheden, jazeker. En daar valt heel goed mee te leven. De grote lijn is helder. Niet elk verhaal dat in een familie van generatie op generatie wordt doorgegeven hoeft geheel conform de waarheid te zijn. Juist de in de verbeelding toegevoegde details kunnen maken dat het verhaal blijft leven, dat er ook voor de jongste generatie weer reden is het te vertellen.

Maar hoe dichter de geschiedenis je nadert, hoe beter je haar hoofdpersonen kent, hoe minder je er mee kunt leven dat niet elke plaats- en tijdsbepaling, elk beeld en elk geluid, elke gedachte en elke getuigenis heel nauwkeurig in een goed geordend dossier is opgenomen.

Soms wil ik weten hoe elke centimeter van de veertienhonderd kilometer rook en voelde, in die wagons die mijn vader, zijn zus, broer en ouders van Westerbork naar Auschwitz brachten.

De feiten zijn: de trein vertrok op dinsdag 21 september 1942, om elf uur 's ochtends. De locomotief trok dertien veewagons. Elke wagon vervoerde om en nabij zestig joden. Alleen mijn vader keerde terug.

En verder? Ik heb veel boeken gelezen over de kampen,

en daarvan heb ik veel opgestoken. Maar die boeken gingen niet over mijn vader. Ik ben in Auschwitz geweest, en daar heb ik meer gevonden dan in al die boeken tezamen. Maar ik was daar niet met mijn vader. Zijn verhaal moet ik scherf voor scherf aan elkaar lijmen, ik moet het doen met de fragmenten die mijn vader heeft willen of kunnen vertellen.

Hij heeft zijn best gedaan om de vragen van mijn broers en mij te beantwoorden, maar de informatie kwam mondjesmaat. Het was, in tegenstelling tot de verhalen die ik over sommige andere overlevenden heb gehoord, bij hem geen onwil. Hoe moet ik het omschrijven?

Hij was terughoudend, maar hij begreep onze fascinatie. Soms kwamen flarden van zijn kampervaringen tot ons via onze moeder. Soms was het een rode biet die het deed.

We aten in een restaurant in Luik. Daar kwamen we wel vaker, vooral op zaterdagen, wanneer mijn vader heel even niet werkte. Die avond werden er rode bieten geserveerd. Max trok wit weg, rende naar buiten, was misselijk. Toen hij weer enigszins was bijgekomen vertelde hij dat het de geur van de bieten was, die hem rechtstreeks terugtransporteerde naar het kamp. Zo waren het vaak van die kleine, alledaagse dingen die in hem de herinneringen naar boven haalden, al lijkt 'herinneringen' niet het juiste woord... Kleine dingen maakten erg diepe, erg lichamelijke gevoelens in hem los. Het monotone geluid van een wasmachine. Het delen van een appel.

Bijna drie jaar bracht hij met zijn vader tussen het elektrische draad door. Zijn moeder, Helga en Josje waren vrijwel onmiddellijk na aankomst vergast. De willekeur, het toeval dat vaak meer dan de wil en de ratio een leven stuurt en het einde daarvan bepaalt, had gemaakt dat Max, daar waar het spoor doodliep en de vrouwen en kinderen van de mannen werden gescheiden, net op het moment dat hij zich op advies van zijn vader in de rij van moeder en de kleintjes wilde voegen een schop onder zijn achterste kreeg.

'Zurück!' riep een s s'er.

Max liep terug naar zijn vader. Ze werden aan het werk gezet.

Zoals op dat moment stom toeval zijn leven redde, zo stond ook het dagelijkse bestaan in het kamp in dienst van de willekeur. Elke dag kon er van alles gebeuren. Je kon tijdens het ochtendappel uit de rij worden geplukt om als laboratoriumrat voor Mengele te dienen. Op dagen dat de gaskamers niet voldoende levens hadden geëist en de quota niet werden gehaald – je kon van alles van die moffen zeggen, maar *pünktlich* waren ze wel – kon je alsnog in een vrachtwagen worden geladen om onder de douche te gaan. Je kon iemand verkeerd aankijken en worden doodgeslagen, of een hond op je af gestuurd krijgen.

Mijn vader heeft mij verteld, en heeft ook eens pregnant verwoord in een documentaire die er over zijn verblijf, en mijn bezoek aan Auschwitz is gemaakt dat 'het ergste was dat je moest zien hoe mensen werden doodgeslagen of door honden gewoon kapotgebeten'. Hij zei: 'Je kon er niks aan doen – je was machteloos. Dat heb ik als het ergste ervaren.'

Maar ook vertelde hij dat er in al die onzekerheid toch een constante was: de honger. Kreeg je een homp brood, dan probeerde je daar zo lang mogelijk mee te doen. Alsof het vooruitzicht van nog een kruimel de honger iets minder zwaar deed wegen. Overleed in de nacht een van de jongens of mannen met wie je een brits deelde, dan meldde je dat 's ochtends niet meteen – misschien kon je zijn portie nog ontvangen.

En toen, ineens, op een dag, had de vader van Max een appel weten te bemachtigen. En die gaf hij aan zijn zoon. En zijn zoon zegt, vele jaren later: 'Ik zag zijn gezicht, hij had honger, maar hij gaf mij die appel. En terwijl ik die opat, zag je dat hij ervan genoot, dat hij mij dat kon geven.'

Scherven, flarden, fragmenten. Ook al heeft mijn vader er later in zijn leven over geschreven, en wilde, nee, moest hij er steeds meer over praten, om de geschiedenissen niet verloren te laten gaan, een afgerond verhaal wordt het nooit. Hoe kan men dit alles in een doelmatige narratief verpakken? En moet men dat wel willen?

Hij heeft een vinger die hij niet goed kan bewegen, die stijf is. Dat komt van het werk in een steengroeve, vertelde hij. Ze moesten stenen bikken, de kuil uitslepen. En ergens kwam die vinger in de knel. Hier riep het ene verhaal het andere op: hij waste zich met sneeuw. Daar verdiende hij bij die moffen toch respect mee. Hij waste zich, kreeg een pak slaag, waste zich weer, kreeg een pak slaag, waste zich – en het pak slaag bleef uit.

Natuurlijk valt er meer te vertellen. Van de kerels in de wachttorens die uit verveling de trekker overhaalden. Van de mannen die uit de rij pas gearriveerde vrouwen en kinderen de jongedames selecteerden om ze in de berm nog eventjes te verkrachten. 'Het *Herrenvolk*', voegde mijn vader daar dan onderkoeld aan toe.

Er valt nog heel veel te vertellen, en tegelijk veel te weinig. Maar nu wil ik voorwaarts, vooruit, naar dat erf in het dorpje Amby.

Mijn grootvader heeft de bevrijding net niet mogen meemaken. Hij werd vlak daarvoor naar een ander kamp overgebracht en kreeg van een of andere arts een spuit met lucht. Waarom? Waarom toen nog? Legt u het mij uit, dan leg ik het u uit.

Mijn vader belandde in Mauthausen, en liftte vandaaruit met een Amerikaanse tank mee terug naar Maastricht. En wat deed hij daar als eerste, net als vele anderen die terugkeerden? Hij bezocht zijn ouderlijk huis. Geen rationele beslissing misschien, want wie verwachtte hij daar nog aan te treffen? Het zal een diep instinct zijn om terug te keren naar de plek die je ooit 'thuis' noemde. Overigens kon er van al te rationeel handelen in het geheel geen sprake zijn. 'Ik was gek toen', zei hij later. 'Die jongeman was ik niet.'

In zijn ouderlijk huis trof hij een NSB'er. Hij ging op weg naar de enige mensen in de omgeving die hij vertrouwde, de familie Bessems. Mijn moeder zag hem het erf op wankelen. Vuil, verdwaasd, vel over been; hij woog nog vijfendertig kilo. De familie maakte een kamer voor hem vrij en maakte een bed voor hem op. Een bed waarin hij niet kon slapen. Hij was zelfs het kleinste comfort, zaken die voor ons zo vanzelfsprekend zijn dat we er nooit bij stilstaan, ontwend. Schone lakens en een zacht matras waren hem vreemd geworden. Hij sliep op de vloer.

Langzaam maar zeker herstelde hij. Met elke appel die

hij plukte, met elke koe die hij melkte, werd hij een beetje meer mens. Mijn moeder kwam steeds dichterbij, en nu rende hij niet weg. Er kwam een dag waarop hij weer naar school ging. Hij deed drie klassen gymnasium in één jaar. Zo werkte hij hard aan zichzelf, om uiteindelijk de man te worden die ondanks alles de moed en de wijsheid bezat om ons te leren 'dat intrinsiek slechte mensen niet bestaan'.

HOOFDSTUK 3

Door en door slecht

Ik stond in Auschwitz tussen die rails, die waren overgroeid met onkruid, en wilde nog altijd heel graag geloven wat mijn vader zei: 'Intrinsiek slechte mensen bestaan niet.'

Ik bezocht het museum daar. In een kleine vitrine lagen babyspulletjes: schoentjes en sokjes en een speen. Ik hoorde in gedachten mijn vader, die niet mee had gewild, omdat hij wist het niet aan te kunnen, zeggen: 'Iemand die een echt slechte daad pleegt, pleegt een daad die tegen de menselijke natuur in gaat. Dat heeft met zijn opleiding niets te maken, dat heeft met het land waar hij geboren is niets te maken, en dat heeft met waar hij vandaan komt niets te maken.'

Ik kreeg de registratieformulieren te zien, waarop het Herrenvolk heel nauwkeurig had aangegeven welke mannen er binnenkwamen. Ze wilden alles weten: geboortedatum, geboorteplaats, uiterlijke verschijning, waar en wanneer men was opgepakt.

Met die papieren in mijn handen hoorde ik mijn vader vertellen: 'Als je een normaal, geestelijk gezond mens bent, dan voel je dat het plegen van zo'n misdaad tegen de natuur is.' Op een van de formulieren vond ik zijn naam. Geschreven in een net, ietwat vrouwelijk handschrift.

Moszkowitz (sic) *Max. 5.10.26.*

In de kolom daarvoor stond zijn kampnummer: 65016. Het nummer dat ze in zijn arm hadden gebrand, het nummer waarvan hij zei, toen ik klein was: 'Dat is mijn telefoonnummer. Handig, hè? Heb ik het altijd bij me.'

En die man, met dat nummer op zijn arm, gelooft dat door en door slechte lieden niet bestaan.

'Ik heb de nodige mensen anderen zien ombrengen, ophangen bijvoorbeeld, en daar ga je gewoon – ik kan het niet anders zeggen – van kotsen. Je lichaam verzet zich daartegen. Mensen die dat toch doen, moeten ziek zijn, dat kan niet anders.'

Ik weet het, ik blijf op dit punt wat treuzelen. Dat doe ik omdat ik u wil laten meedenken, opdat u de twijfel begrijpt die mij omtrent de vraag van het kwaad dat aangeboren is – de mythe van het satanskind – daar tussen die rails bekroop, en nog steeds wel eens bekruipt.

In de inleiding van dit boek heb ik al beweerd dat ik nog nooit iemand heb ontmoet die beantwoordt aan de karikatuur van de door en door slechte mens. En ik sprak de waarheid. Nimmer heb ik zelf de hand geschud van het Kwaad – nee, niet toen ik de hand van Holleeder schudde, natuurlijk niet, en niet toen ik de hand schudde van Bouterse, en zelfs niet toen ik de hand schudde van een man die zijn dochter had gedwongen seks met zijn herdershond te hebben. In dat laatste geval walgde ik van het dossier, net als u dat zou doen, maar bleek er achter het verhaal toch een mens te zitten. Een verknipt mens, een psychisch gestoord mens, een mens die mijn afkeer wekte – zeker. Niet het Kwaad in persona.

Wanneer ik dus afga op mijn persoonlijke ervaring met crimineel, pervers gedrag, en ik kan u verzekeren dat die uitgebreid is en divers, kan ik niet anders dan mijn vader gelijk geven. Veel van zelfs de rottigste daden zijn te herleiden tot een ziektebeeld.

Misschien denkt u: dat klinkt interessant, Bram, maar een ziektebeeld, dat kan werkelijk van alles betekenen. Hebt u weer gelijk. Ik zal proberen inzichtelijk te maken wat ik bedoel. Ik ben geen psychiater, en toch meen ik als leek te durven beweren dat er in veel van de daders die ik heb meegemaakt een gemene deler is te onderscheiden: het disfunctioneren van de wil.

Een, voor de hand liggende, oorzaak van die slecht werkende wil kan natuurlijk beneveling zijn. Iemand is high, dronken, stronken, noem het maar op. Eens heb ik de zaak behandeld van een jongen die er in een café in Den Bosch wild op los had geschoten. Het was een zeer ernstig verhaal, extreem gewelddadig. Maar de jongen die ik te zien en te spreken kreeg was buitengewoon beleefd, rustig, en maakte al met al een heel normale indruk. Hij was simpelweg in de verkeerde staat van bewustzijn op het verkeerde moment op de verkeerde plaats geweest. Hij had, beschonken, in dat café iemand ontmoet met wie hij al tijden overhoop lag, iemand die al even bezopen was als hij, en mogelijk ook nog eens onder invloed van drugs. In nuchtere toestand zouden die twee het waarschijnlijk hebben uitgepraat. Zouden er in elk geval geen doden en gewonden zijn gevallen. Nu werd het een verschrikkelijke rotzooi.

Vervolgens is de vraag: en is dat dan een excuus? Dat ze dronken waren, en meer misschien?

Laat ik die vraag als volgt beantwoorden: nee, dat is geen excuus, ook rechtens niet. En dat zou het ook niet moeten zijn. Maar het zou wel moeten meewegen in het antwoord op de vraag naar de intrinsieke slechtheid van deze Bosschenaren. Wat denkt u, waren dit twee door en door slechte individuen?

Of laten we een combinatie van oorzaken nemen. Een klassieke. Jaloezie en alcohol, een brouwsel dat de ratio vergiftigt en tot de meest stompzinnige en verschrikkelijke daden kan leiden, en de basis vormt voor menig scenario of roman. U ziet het voor zich: een hotelkamer. Vrouw in bed, naast, op of onder man.

Volgende scène: waanzinnig van minnenijd, en zuipend om elke twijfel te smoren, struint een andere man door de ongure straten van een achterbuurt, op zoek naar een pistool.

Niet veel later: de deur van hotelkamer wordt ingetrapt, de vrouw bedekt haar borsten, gilt – nu ja, de rest kunt u zich ook wel voorstellen. U hebt de films gezien. Een verhaal dat, in allerlei variaties, nog vaker voorkomt dan u zou denken. Een *crime passionel*, het enige soort misdrijf waarvoor de rechter in de negentiende eeuw in Frankrijk met zijn hand over zijn hart streek, want was het niet zo dat de liefde de man verblindde? Hem ontoerekeningsvatbaar maakte, zijn wil, die zijn emoties had moeten beteugelen, uitschakelde? En dat hij daarbij dan wat gedronken had, ach...

Tegenwoordig zou de rechter, terecht natuurlijk, zeggen: 'Alles goed en wel, u was jaloers en dronken, maar u had de mogelijkheid om het pistool niet te kopen, van de drank af te blijven, om niet naar die hotelkamer te gaan en niet te schieten.' Maar dat iemand zich niet omdraait en wegloopt, wil niet zeggen dat hij een slecht mens is. Misschien staat hij of zij wat minder uitgebalanceerd in het leven dan u en ik. Misschien is hij of zij door omstandigheden voorbij het breekpunt van de wil gedreven. Als dat zo is, moet de rechter dat worden duidelijk gemaakt, en zou het in de strafmaat een verschil moeten kunnen maken.

Ik moet toegeven dat een pure *crime passionel* (niet te verwarren met cultureel bepaalde uitwassen als de zogenoemde eerwraak, waaraan soms jaren van planning vooraf gaat) nog altijd een van de dankbaarste onderwerpen is van een mooi pleidooi. Dat mag u best beroepsdeformatie noemen. Het is misschien te vergelijken met de journalist van een dorpskrant die de ene dag een raadsvergadering, en de volgende dag een brand moet verslaan die vier slachtoffers eist. Na vijfentwintig jaar in het vak zullen het waarschijnlijk niet de verslagen van de raadsvergaderingen zijn waar hij met de meeste voldoening op terugkijkt. Het is een fascinatie die, om redenen die ik niet hoef uit te leggen, teruggaat tot mijn jonge jaren.

'Moord uit Liefde!' kopte de Telegraaf, boven een artikel van Erik Koch, de rechtbankverslaggever. Dat was smullen geblazen. En stiekem is dat nog steeds zo. Mijn hart gaat van die verslagen in elk geval sneller kloppen dan van weer een stuk over weer een topcrimineel. Ik herinner me nog goed hoe mijn vader dit soort zaken bepleitte. Hij wist de rechters tranen in de ogen te praten.

Maar goed, dit terzijde, laat ik me niet als een oude zeurkous in romantische mijmeringen verliezen. De gevolgen van een dergelijke daad, *passionel* of niet, zijn vaak verre van romantisch. En negen van de tien keer zal de vermeende dader voor de rechter verschijnen, net als die jongen die in dat café in Den Bosch begon te schieten, net als de man die zijn dochter zulke onnoembare dingen liet doen. En dan is het aan de advocaat om, indien daar aanleiding toe is, aan te tonen dat de verdachte de gevolgen van zijn daad niet bewust heeft gewild, dat de verdachte ontoerekeningsvatbaar was. De advocaat zal op zo'n moment meer doen dan zijn cliënt eens diep in zijn ogen kijken en zijn conclusies trekken, al was het maar omdat de rechter daar natuurlijk geen genoegen mee zou nemen. Hij zal specialisten inschakelen, meestal forensisch psychiaters, die geheel onafhankelijk zullen vaststellen of de verdachte ontoerekeningsvatbaar is, of volkomen bij zijn verstand. En de conclusies van die specialisten dienen serieus te worden genomen. Het wetboek van strafrecht zegt niet voor niets: *Niet strafbaar is hij die een feit begaat, dat hem wegens de gebrekkige ontwikkeling of ziekelijke stoornis van zijn geestvermogens niet kan worden toegerekend.*

Het wordt in de publieke opinie vaak – en in toenemende mate – als halfzacht gezever afgedaan wanneer iemand oppert dat een vermeende dader van een zwaar delict, dat tot de verbeelding van het volk spreekt, geen gevangenisstraf verdient wanneer is vastgesteld dat hij ten tijde van die daad ontoerekeningsvatbaar was, psychisch ziek. De roep om langere gevangenisstraffen – en dan het liefst op water en brood, in cellen als bezemkasten – is de afgelopen twintig jaar enorm toegenomen, en politici zouden geen politici zijn als ze dat geschreeuw niet hadden overgenomen.

Moord? 'Levenslang!'

Verkrachting? 'Nooit meer de straat op!'

Dat bekt natuurlijk wel prettig, maar hier moet ik u toch weer herinneren aan het adagium van mijn vader – niet alleen omdat het mijn vader is, maar omdat hij gelijk heeft: mensen die tot zulke daden overgaan, zijn ziek.

Voordat u nu wit wegtrekt van de algemeenheid van deze uitspraak, zal ik meteen een uitzondering noemen die de regel bevestigt. Ja, er zijn criminele organisaties die als beursspeculanten een risicoanalyse maken voordat zij hun wapens trekken. Wat trouwens weer niet uitsluit dat zich vooral in de periferie van de georganiseerde misdaad ook regelrechte dwangbuisgevallen ophouden. Maar in Nederland komt het geweld waarvan de maatschappij het meeste last heeft niet uit deze hoek. Zelfs in enorme drugszaken, waarbij grote belangen spelen, past dat soort jongens hier slechts sporadisch geweld toe. Het is misschien een teleurstelling, maar de zogenoemde topcriminelen zitten liever thuis hun geld te tellen dan dat ze in een wilde achtervolging met een AK-47 de voorruit van hun Mercedes aan diggelen schieten. Wat is er handiger dan zaken die het licht niet kunnen verdragen ook daadwerkelijk, geruisloos, in het donker af te handelen? Wanneer u krantenberichten leest en televisieprogramma's kijkt over afrekeningen, liquidaties, wil dat zeggen dat de zaken op dat moment niet zo lekker lopen. Normaal gesproken laat men het liever bij een bedreiging. Niet dat een bedreiging onschuldig is (en niet strafbaar kan zijn), maar het gewelddadige karakter van deze organisaties wordt in de pers enorm opgeblazen. Het lijkt soms wel dezelfde aantrekkingskracht te hebben als de *crime passionel*: er kleeft iets romantisch aan.

Hoe het ook zij, de kans dat u als gewone burger van dit soort jongens last hebt is miniem. Hetgeen onverlet laat dat elke moord, in welke kringen dan ook, er een te veel is. Dit wellicht ten overvloede, maar het zal niet de eerste keer zijn dat men mijn relativering van het kwaad dat deze criminele clubjes in Nederland aanrichten, verwart met solidariteit.

Laten we dus vaststellen dat we het hier niet over de georganiseerde misdaad hebben, of over zaken als eerwraak, waaraan ik eerder al even refereerde. U kunt ongetwijfeld nog een aantal uitzonderingen verzinnen waarin een zeer gedegen voorbereiding en een koelbloedige uitvoering een rol spelen, maar bij het overgrote deel van de misdrijven die u en mij kunnen raken, is de scheidslijn tussen voorbedachte rade en impulsieve daad, en ook tussen gezond verstand en gekte vaak diffuus.

Om een zeer scherp voorbeeld te gebruiken: Anders Behring Breivik. De man plaatst een bom in een regeringsgebouw in Oslo, bij de explosie komen acht mensen om. Hij begeeft zich, verkleed als politieman, naar het eiland Utøya, waar hij negenenzestig mensen doodt – voor het merendeel tieners. Jonge mensen die op een zomerkamp van de Noorse Arbeiderspartij wat discussieerden, gitaar speelden, een kampvuurtje stookten.

Een zestienjarig meisje, zo las ik in de krant, rende om aan de kogels te ontsnappen naar het strand, botste haast tegen Breivik op, verschool zich eerst achter een rots en dook daarna in het water. Hij zag haar, ze keek hem 'recht in de ogen'. Kalm vuurde hij drie kogels op haar af. Ze raakte gewond, maar ze overleefde.

Ik ken deze Breivik vanzelfsprekend niet, net zoals ik zijn zaak, zijn dossier niet ken. Maar wat mij, zoals zo veel anderen, trof in de berichtgeving was dat hij zo berekenend, zo onderkoeld te werk leek te gaan. De getuigenissen van een meisje als dit – ik heb zelf een dochter van zestien – gaan door merg en been. En niet alleen op dat eiland leek hij precies te weten wat hij deed. Hij vertelde doodleuk aan zijn ondervragers dat hij al negen jaar naar de dag van de aanslagen had toegeleefd. Hij schreef een manifest van meer dan vijftienhonderd pagina's. Hij startte een IT-bedrijf om buitenlandse rekeningen te kunnen openen. Hij kocht een boerderij, enkel om een vergunning te verkrijgen om voor zijn bom op grote schaal kunstmest in te slaan.

Is het onversneden, berekenende, koelbloedige Kwaad aldus opgestaan in de persoon van deze Anders?

Ik weet niet meer dan u. En hoe meer ik lees, hoe minder ik weet. De jongeman schijnt zijn daden te motiveren door te kwekken dat hij vocht tegen de oprukkende islam – voor sommigen een reden om te constateren dat hij heel goed wist wat hij deed. Maar dezelfde man schijnt te denken dat hij ooit als regent aan het hoofd zal staan van een internationale orde der Tempeliers.

Pardon? Watte?

Net als u lees ik de kranten, zie ik het nieuws, kijk ik, kortom, van een afstand toe. En wanneer ik dan lees en hoor dat een stuk of tien door de rechtbank aangestelde forensisch psychiaters hebben vastgesteld, na uren-, dagenlange gesprekken en observatie, dat de verdachte lijdt aan paranoïde schizofrenie, dan vind ik dat de man behandeld moet worden, en niet alleen maar gevangen gezet. Ondanks de afschuwelijke verhalen. Ondanks de volkswoede, die ik heel goed kan invoelen. Als hij werkelijk ziek is, moet hij worden geholpen, niet enkel opgesloten. En dat zullen de Noren in dat geval ook doen. Zij rommelen niet, zoals de Nederlanders, met de beginselen van het schuldstrafrecht.

Voor degenen onder u die mij enigszins kennen zal dit niet als een verrassing komen; ik roep al jaren dat het een juridisch monstrum is dat we het hier bestaan een dader waarvan afdoende is bewezen dat hij of zij verminderd ontoerekeningsvatbaar is éérst jaren op te sluiten, om daarna pas te beginnen met behandelen. Ik zou het zelfs crimineel durven noemen. Eerst vijftien jaar zitten en dan tbs? Wie is daarmee gediend? Het gebroken been van een veroordeelde wordt immers ook niet pas gezet na een aantal jaren gevangenschap?

Het slachtoffer is daarmee gediend, zullen sommigen zeggen. Die wil dat de misdaad wordt vergolden. Die wil wraak, de voldoening smaken te weten dat de dader wegkwijnt in een bezemkast.

En weer hebben we het hier over een emotie, een emotie die op zichzelf heel begrijpelijk kan zijn, maar met de idee van rechtsstaat weinig van doen heeft. Het monopolie op vergelding ligt in Nederland bij de rechter. Men zou – ik simplificeer enigszins, om zo duidelijk mogelijk te zijn – kunnen zeggen dat wij ooit hebben besloten om ons gevoelsmatige recht op wraak aan hem uit handen te geven, juist om te waarborgen dat wij met z'n allen niet belanden in een jungle van emoties, waarin achter elke boom iemand klaarstaat om een ander om willekeurig welke reden te bespringen – omdat de passant ooit verkeerd naar zijn vrouw heeft gekeken, een kokosnoot heeft geleend maar nooit teruggeven, in kennelijke staat over een van zijn kinderen is gestruikeld.

Om ervoor te zorgen dat niet onze emoties van het moment, maar de wetten die wij na lang wikken en wegen hebben opgesteld, tot de passende vergelding leiden, laten wij het Openbaar Ministerie bepalen of een daad die wij als beschadigend hebben ervaren, voldoende juridische aanleiding geeft om de vermeende dader te vervolgen – het geval van de geleende kokosnoot zou wel eens te licht kunnen worden bevonden – en laten we de rechter beslissen of de verdachte de daad inderdaad heeft begaan, en welke straf (vergelding, zo u wilt) passend is.

Langs dat traject worden de wraakgevoelens van het slachtoffer uiteindelijk omgezet in straf. Maar het is niet aan het slachtoffer om te bepalen welke. Er bestaan allerlei verschillende ingewikkelde inzichten en theorieën over, maar ik zou mijn opvatting hier als volgt willen samenvatten: wij *vertalen* wraakgevoelens in bijvoorbeeld gevangenisstraf, maar het doel van de straf mag niet wraak zijn. Het doel moet zijn de dader van zijn ziekelijke neigingen te genezen.

En zo keren we weer terug naar Anders Breivik. De basis van het schuldstrafrecht luidt: *straf naar mate van schuld*. Natuurlijk is mij bekend dat de Hoge Raad van straf naar de mate van schuld sinds 1985/1986 niet meer wil weten, maar ik nog altijd wel. Wordt vastgesteld, wat uiteraard zeer zorgvuldig moet gebeuren, dat de verdachte ten tijde van het feit dat hem wordt aangerekend ontoerekenings-vatbaar was, dan kan van schuld en dus ook van straf geen sprake zijn.

Natuurlijk kent het strafrecht verschillende maten van ontoerekeningsvatbaarheid: volledig ontoerekeningsvat-baar, verminderd, sterk verminderd... Maar hoe bepaal je of iemand tachtig of negentig procent ziek is? In Neder-land wordt iemand zelden honderd procent ziek, volledig ontoerekeningsvatbaar verklaard, en dus niet strafbaar ge-acht. Alle anderen, die zesendertig of vierenzestig of ach-tenzeventig procent ziek worden verklaard, kunnen reke-nen op een verblijf in het gevang, om dan daarna pas ter beschikking van de staat te worden gesteld en behandeld.

Een ziek mens moet genezen worden. En criminelen zijn ook mensen, of u dat nu wilt of niet. Vijftien jaar plus tbs: daaruit spreekt onvermogen of onwil om fundamen-tele keuzes te maken.

U kunt deze opvatting ook wijten aan beroepsdeforma-tie, uiteraard, want het is mijn taak het op te nemen voor de verdachte. Ik ben per definitie partijdig. Maar vergeet niet dat de verdachte altijd nog de *underdog* is in de strijd tegen de Staat der Nederlanden. En voor hen die opnieuw wit wegtrekken bij de algemeenheid van de stelling 'het doel van een straf moet zijn de dader van zijn ziekelijke neigin-gen te genezen' zou ik eraan willen toevoegen: ik begrijp dat dit niet altijd mogelijk is. In sommige gevallen is de maatschappij erbij gediend een veroordeelde simpelweg een tijdje van de straat te houden. Maar zelfs dan is gevan-genisstraf een middel bij gebrek aan beter.

Net zoals ons rechtssysteem, ondanks alles wat ik hier te berde breng, in vergelijking met dat van de meeste landen in de rest van de wereld goed in elkaar zit, kennen wij hier gelukkig ook voldoende beschaving om gevangenen menswaardig te behandelen. Ze hoeven niet zoals in sommige Afrikaanse en Zuid-Amerikaanse gevangenissen elke dag weer voor hun leven te vrezen, ze hoeven niet jaren met zijn zessen in een cel te zitten. Het is de laatste decennia dan wel gewoonte geworden over de Nederlandse gevangenissen te spreken als over een soort Carlton-hotels, en om de zoveel tijd wordt er in de Tweede Kamer weer gedebatteerd over het raadsel 'hoeveel criminelen passen er in een cel?', maar gelukkig is er tot nu toe op het laatste moment altijd wel weer iemand die aangeeft dat ook het verblijf in een Nederlandse cel geen feestje is. Als u daaraan toch nog steeds twijfelt, raad ik u niet eens aan het de gevangenen te vragen – vraag het aan de gevangenbewaarders. Zij zijn het die moeten omgaan met het geweld van de jongens die vrij rustig binnenkwamen en met elke dag achter een gesloten deur meer doordraaien, zij zijn het die voor een schijntje de gevolgen moeten dragen van een straf bij gebrek aan beter.

De implicaties van een eenvoudig woord als 'vrijheidsbeperking' worden maar al te vaak onderschat. Werkte uw wilsfunctie al niet naar behoren, dan wordt die er in een cel niet beter op; er wordt u verteld wanneer u mag eten, frisse lucht mag ademen, uw liefje mag bellen, uw kinderen mag zien. Er wordt u niet gevraagd u te verbeteren; er wordt u slechts gevraagd zich koest te houden. En als u al geen echte boef was, is de kans groot dat u op een dag als zodanig uit de poort komt wandelen, want in de gevangenis hebt u volop de kans gehad potentieel lucratieve contacten te leggen. De geschiedenis leert dat er niets is wat een verblijf in de gevangenis werkelijk oplost. Het is niet meer dan een adempauze voor de maatschappij. Een adempauze die volgens sommigen niet lang genoeg kan duren, maar vaak worden dergelijke uitspraken gedaan in het licht van een of ander incident dat op het een of andere moment ineens enorm in de belangstelling staat van de een of andere journalist.

Het is als met tbs: één figuur die er tijdens een verlof vandoor gaat, en direct worden onder druk van de publieke opinie de regels van alle verloven aangescherpt. Het hele tbs-systeem wordt door de mangel gehaald, de enige bij benadering intelligente oplossing die we voor zieke mensen die over de schreef gaan tot nu toe hebben kunnen uitdenken.

Ja, soms hebben de kleinste incidenten verschrikkelijke gevolgen. En ja, het is moeilijk passende alternatieven voor gevangenisstraf te bedenken. Ik schud er ook niet even zes uit mijn mouw. Maar laten we ons wat dit betreft nu eens minder laten regeren door de waan van de dag, en de tijd en de ruimte nemen om serieus en gedegen over alternatieve straffen na te denken, te debatteren.

Misschien kan men een doorgewinterde tasjesdief beter zes maanden tomaten laten plukken dan zes maanden laten zitten. Of men moet willen dat hij uw oude moeder of die van mij wast, zoals laatst een confrère op de Europese Dag voor het Slachtoffer voorstelde – 'Laat berovers van oude vrouwtjes niet schoffelen in het park, maar oude vrouwtjes wassen in een verzorgingstehuis!' Maar dat betwijfel ik. Ik heb liever dat mijn moeder of vader wordt gewassen door een gediplomeerd verpleegkundige dan door een onverschillige draaideurcrimineel. Maar wil men die draaideurcrimineel een tijd in een verzorgingstehuis met de verplegers laten meelopen, koffie laten schenken en praten met de vereenzaamde ouderen ter plaatse, dan ben ik daar een groot voorstander van.

Onlangs las ik dat een Belgische rechter een verkeersovertreder het boek *Tonio* van A.F.Th van der Heijden te lezen gaf, en een bespreking eiste. Een boek over de verongelukte zoon van de schrijver. Dat vond ik een creatief idee. Zo zijn er vele opties te bedenken, maar dan moeten we daar met elkaar wel rustig voor gaan zitten, en niet alleen bij elk incident wat kreten op tafel gooien. Want dat is precies het verschil tussen een rechtsstaat waarin de burger zich veilig kan voelen en een staat waarin de willekeur regeert: in de eerste worden emoties gekanaliseerd door over de onderliggende problemen uitgebreid na te denken en te debatteren, en zo tot een algemeen geldende oplossing te komen. In de tweede worden sentimenten die door de waan van de dag zijn opgelaaid, onmiddellijk omgezet in ad hoc oplossingen.

Neem de discussie over minimumstraffen bij recidive. Een persoon die eerder is veroordeeld voor een misdrijf waarop minimaal twaalf jaar gevangenisstraf staat, zou volgens het voorstel van dit kabinet, wanneer hij binnen tien jaar een feit begaat waarop maximaal acht jaar of meer staat, minstens de helft van die straf moeten worden opgelegd. Dat klinkt misschien wel aardig, maar het is ten eerste een oplossing voor een probleem dat niet bestaat.

Het is voor politici erg makkelijk om in te spelen op het gevoel van de burger dat de misdaad hand over hand toeneemt – de meeste burgers zullen dat namelijk direct van hem aannemen. Vervolgens kan de volksvertegenwoordiger roepen: 'Aha, u voelt zich dus onveilig. Als ik het niet dacht. Gelukkig heb ik daar een geweldige oplossing voor...'

Feit is dat de criminaliteitscijfers in Nederland al jaren ongeveer gelijk blijven, en dat we hier al zwaarder straffen dan in veel andere landen. Eigenlijk worden we met dit soort voorstellen opgelicht. Men probeert ons iets te verkopen dat niet bestaat.

Ten tweede zou het, mocht dit voorstel desondanks wet worden, een principiële fout zijn de vrijheid van de rechter om rekening te houden met de omstandigheden, in te perken. Elk delict kent zijn eigen, specifieke omstandigheden. Ik hoef u denk ik niet opnieuw uit te leggen waarom het mij onverstandig lijkt, en waarom het ook onze politici onverstandig zou moeten lijken, om het penseel dat de omstandigheden van het feit en de verdachte dient te schilderen, in te ruilen voor een verfroller van de Gamma.

En nu we toch bezig zijn: waarom wordt door onze volksvertegenwoordigers nooit eens uitgelegd dat andere, lekker klinkende voorstellen, zoals het oprekken van verjaringstermijnen, zo eenvoudig en eenduidig niet zijn? Men kan zeggen dat in het geval van zeer zware zedendelicten of levensdelicten, waarvan de gevolgen erg lang voelbaar blijven, een discussie over dit onderwerp wenselijk is. Maar een bankovervaller, moet die ook voor eeuwig het zwaard van Damocles boven zijn hoofd zien hangen?

Er moet eens een eind komen aan de periode waarin iemand kan worden vervolgd. De behoefte tot vergelding leeft ook niet eeuwig – al wil ik nogmaals benadrukken dat er delicten zijn waarvoor dit niet geldt. Mijn mening in deze is genuanceerder dan die inzake de minimumstraffen – een voorstel dat alleen maar een nieuw juridisch monstrum kan opleveren. Mijn mening is hier genuanceerder, simpelweg omdat verjaring veelzijdige materie is. Maar om dat laatste gaat het me nu juist, laat men dan ook niet pretenderen dat het eenvoudig is.

Roofoverval? 'We zullen de dader straffen, hij zal zijn hele verdere leven de hete adem van de politie in zijn nek voelen!'

Prima. Klinkt goed. Maar denk na voordat u zoiets roept. Ga er eens een weekje voor zitten om de implicaties van zo'n uitspraak te doorgronden. U en ik, die vandaag of morgen net als iedereen slachtoffer of dader kunnen zijn, moeten ons niet laten meeslepen door de passies van het volksgericht. Wat ergens onder het middenrif prettig uw rechtsgevoel kietelt, hoeft geen briljant idee te zijn. Niet alles dat loopt als een hond en blaft als een hond is per se een hond. Een inktzwarte nacht op een schilderij kan, als u uw ogen heel dicht bij het doek brengt, bestaan uit vele kwaststreken, in vele tinten grijs. Net als het onversneden Kwaad, dat bij intense bestudering altijd...

Maar toch. Ik stond tussen die rails. In het hoge gras. Daar waar de laars van een ss'er mijn vader van de gaskamer had gered. Was dat toevallig een barmhartige s s'er? Natuurlijk niet. Max Moszkowicz diende, net als alle andere mannen in de rij, alvorens te creperen eerst nog even zijn steentje bij te dragen aan de economie van het Rijk van het Kw...

En hier bevond zich mijn twijfel. Heel letterlijk, eigenlijk, bevond en bevindt zich mijn twijfel daar op dat eindstation.

Ook al heb ik persoonlijk nog nooit de hand geschud van een door en door slecht persoon, wil dat dan zeggen dat die nooit heeft bestaan, niet kán bestaan? Zowel voor de theorie van de a priori goede mens als voor de theorie van de a priori slechte mens bestaan geen bewijzen. Al hebben filosofen zich er duizenden jaren over gebogen.

U moet mij deze twijfel maar laten. Hoe graag ik het met het adagium van mijn vader ook honderd, en niet slechts negenennegentig procent eens zou willen zijn; dat ene procentje twijfel zal me wel nooit verlaten.

'Intrinsiek slechte mensen bestaan niet.'

'Maar die klootzakken die opdracht hebben gegeven hier deze rails te leggen dan?'

En tegelijkertijd steunt die flinter onzekerheid me in de uitoefening van mijn vak, herinnert die me steeds weer aan die rechteloze maatschappij, een maatschappij waarin de burger was overgeleverd aan de willekeur van de overheid.

HOOFDSTUK 4

Woorden die beginnen met een J

'Je was machteloos', zei mijn vader over het kamp, 'dat heb ik als het ergste ervaren.'

Ik stel mij voor dat hij, toen hij zichzelf op de boerderij van mijn moeders familie stukje bij beetje bij elkaar raapte, zich voornam zo snel mogelijk een zo stevig mogelijke greep op zijn leven te krijgen. Hij ging terug naar het gymnasium en deed drie klassen in één jaar. Van zijn aanstaande schoonvader leende hij 2600 gulden om aan een studie medicijnen te beginnen.

Probleem was: hij kon geen bloed zien.

Rechten dan. Rechten in Nijmegen, elke dag op de motor heen en weer. Als hij de mensen niet zou kunnen genezen, kon hij ze ten minste op hun rechten wijzen: geen verdachte die hij bijstond zou machteloos zijn.

Ondertussen zette hij een zaak op, 'De spil', aan de Spilstraat in Maastricht. Een zaak die nog altijd bestaat. Een lingeriewinkel – of misschien moet ik zeggen: een winkel die keurig, alles verhullend damesondergoed verkocht. Stoffen, 'schmattas', die vorm hadden gekregen in kuise ontwerpen die niet ter verstrooiing, maar slechts uit absolute noodzaak dienden te worden gedragen. We hebben het hier over het pre-pantytijdperk. De dagen van her waarin kousen nog duurzame producten waren. Kanten krullen en doorzichtige slipjes zocht men in De Spil niet; men kwam om een ladder in een kous te laten repareren. En nog eens. En nog eens. En mijn vader zat achter in de winkel, wetboek op schoot, en hij stond op wanneer hij door het luik een klant zag binnenkomen.

In 1948 trouwde Max met Berthe. Samen gingen ze boven de winkel wonen. Daar werden mijn drie broers geboren: David, Max jr. en Robert. Toen mijn vader vele jaren later voldoende ladders in kousen had gerepareerd, en voldoende teksten had gememoreerd om af te kunnen studeren, ging hij stage lopen, bij een advocaat die Dassen heette.

En toen kwam er een dag, weer zo'n dag die ik eigenlijk van de vroege ochtend tot in de late avond zou willen kunnen oproepen, waarop mijn vader eindelijk een bordje op zijn deur kon schroeven met de tekst: *Mr. M. Moszkowicz, advocaat en procureur.*

Want hoe mooi moet het niet zijn geweest om na al die strijd die eenvoudige tekst te bestellen, om naar de winkel te gaan waar de plaquette klaar lag, om een paar grote schroeven – of spijkers? – uit te zoeken en die woorden zo stevig op zijn deur te bevestigen dat geen mens die nog van hem af kon nemen?

Advocaat en procureur.

Ik wil niet dramatisch doen, maar ik stel me zo voor dat het een van die momenten was die zijn bestaan bevestigden. Een moment waarop hij dacht: kijk wereld, ik ben er godverdomme nog.

Al kunt u die blasfemie op mijn conto schrijven.

Ook later in zijn leven leek hij dat soort momenten van bevestiging op te zoeken – ik denk aan een loket in Aken. Daar werden aan de nog levende slachtoffers van de oorlog onder het mom van *Wiedergutmachung* een paar niksige rotmarken uitgekeerd. Max had het geld allang niet meer nodig, maar hij ging toch, elk jaar. Hij heeft me wel eens meegenomen. Het viel me altijd op hoe weinig haat hij het nieuwe Duitsland nadroeg.

Goed, wanneer we bij een tankstation een oude kerel zonder been zagen, schertste hij wel: 'En waar zou dát been nou zijn gebleven?' Maar hij was en is te intelligent om jonge Duitsers iets te verwijten. Hij reed dat hele stuk, met of zonder mij, alleen maar om voor dat loket te kunnen staan en te tonen dat hij er nog was. Hij ging dat geld ophalen om het Duitsland van weleer te laten zien: goedemiddag, 65016 hier. *Alive and breathing.* Jullie hebben je best gedaan, maar het is niet gelukt.

Ik zie hem daar staan, ik was erbij. Maar of hij die plaquette waar ik het net over had met schroeven of spijkers aanbracht, en wanneer precies, dat weet ik niet. Mijn herinneringen beginnen, vaag, in een ruimer pand, aan de Prins Bisschopsingel. In 1960 werd ik daar geboren. Wonderlijk hoe ook mijn eigen jeugd bestaat uit fragmenten, scherven. Misschien omdat het zo'n gelukkige jeugd was, herinner ik me zo weinig.

Ik zie de eettafel nog voor me, elke avond keurig gedekt. Tafellinnen, zilveren bestek. Het decorum dat hoort bij een daad die niet vanzelfsprekend is: het eten van goede voeding. Een voorgerecht, een hoofdgerecht en een nagerecht. Een glas wijn voor vader, als hij er was, en voor moeder. De wijn werd geschonken uit een karaf. De schalen stonden op rechauds met waxinelichtjes. De borden waren altijd verwarmd.

Ik ruik de Eau de Cologne 4711 nog, waarmee voor het eten onze haren werden ingewreven. Pyjama's aan, en pas dan aan tafel. Het was een leven van orde en regelmaat. Mijn broers en ik kwamen daartegen niet in opstand. We vonden het prettig zoals het was, er heerste harmonie in dat huis aan de Prins Bisschopsingel, en later in het prachtige huis aan de Sint-Lambertuslaan, 'De Ark' genaamd. *What's in a word?*

Wat er in de grote boze buitenwereld ook gebeurde, in De Ark was het gezin Moszkowicz veilig, daar werden de deiningen van de snel veranderende politieke en maatschappelijke werkelijkheid in de jaren zeventig niet gevoeld, daar werd elke dag verse soep gekookt en netjes op tijd en in stijl gegeten. De enige berichten van een woeliger, een duisterder wereld druppelden binnen met de verhalen van mijn vader, die hij aan die eettafel met ons deelde. Hij stond met zijn beide voeten in de modder van de maatschappij, hij werkte en werkte, dag en nacht, om ons die ark te kunnen bieden.

Ik heb het wel eens een doorsnee jeugd genoemd – voetballen op straat, spelen met raceauto's – maar hoe ouder ik werd, hoe meer ik ook de wat excentrieke, wat wonderlijke kanten van ons leven inzag. Men kan wel in een ark willen wonen, beschut tegen de regen en de stormen, maar de geschiedenis en de buitenwereld vinden altijd kieren om door naar binnen te sijpelen. En dan doel ik niet zozeer op mijn afkomst *an sich*, op het feit dat ik joods bloed had

Max Moszkowicz sr. als jonge scholier.

Max sr. heeft altijd interesse gehad in oldtimers.

Max sr., genietend van zijn oude Morgan.

Moeder Berthe Bessems.

Samen met mijn
grote broer David.

In mijn kinderjaren
brachten we vaak de
weekenden door in Parijs.
Op de foto zit ik uiterst
links, naast mijn broertjes
Max jr. en David.

Max sr., gezeten achter zijn bureau in het statige kantoorpand te Maastricht. (© Guy van Grinsven)

mr. MAX sr.

(© Chris Roodbeen)

De verdediging van Johan V. is in feite de enige zaak die ik samen met mijn vader heb gedaan. Het was soms grappig samen te pleiten en het bood voordelen: we voelden elkaar in een oogopslag aan.
(Foto 1996: © Richard Mouw, *De Telegraaf*)

Deny. Deny. Deny. His criminal-law professor at Harvard had been a radical named Moskowitz, who had made a name for himself defending terrorists and assassins and child fondlers. His theory of defense was simply: Deny! Deny! Deny! Never admit one fact or one piece of evidence that would indicate guilt.

He remembered Moskowitz as they landed in Miami, and began working on Plan B.

Uit het boek "*The Firm*" (1991) van John Grisham.

Aan het begin van mijn loopbaan merkte ik wel iets van wat je het Jordi Cruyff-effect zou kunnen noemen. Ik werd op alle punten vergeleken met mijn vader.

(Foto 1991: © Matty van Wijnbergen, *De Telegraaf*)

12 oktober '94
Rechtbank Maastricht

VERDACHTE ANJA O. met haar raadsman
mr. M. MOSZKOWICZ.

Max sr. en ik.

Mijn meest dierbare jeugdfoto: in de armen van mijn vader.

Samen met mijn dochter
Chaya in Amsterdam.
(Foto juni 2005: © Peter
Smulders)

Met zoon Nathan op
de Vespa scooter.
(Foto augustus 2005:
© Peter Smulders)

(© Chris Roodbeen)

Met mijn dochter op een Amsterdams terras.
(Foto juni 2007: © Peter Smulders)

(Foto 2007: © Roy Beusker)

In mijn Fiat 500 oldtimer.
(Foto maart 2008: © Peter Smulders)

Den Haag, Paleis van Justitie.
(Foto 2008: © ANP)

en dus een manneke wiens leven de geschiedenis met alle macht had geprobeerd te voorkomen – die afkomst was me met de paplepel ingegoten, die materie was ik simpelweg door geboren te worden in gesleurd. Nee, ik heb het over de botsing tussen die afkomst en de buitenwereld, over het groeiende bewustzijn, met haast elke nieuwe stap in die wereld buiten De Ark, dat wij anders waren.

Natuurlijk waren er de uiterlijkheden, die nu eenmaal bij ons gezin hoorden: de gebroeders Moszkowicz liepen niet in spijkerpakken, en hadden geen lang haar. Ook later, op het Stedelijk Lyceum niet. Wij liepen in flanel jasjes. Wij gingen altijd tot in de puntjes verzorgd de straat op.

Wilden we dan in het geheel niet rebelleren? Of werden we met ijzeren vuist geregeerd?

U zult de eerste niet zijn die deze vragen stelt. En ik zal weer niet anders kunnen dan antwoorden: nee, niets van dat alles. Ik voelde me thuis in een net jasje. Ik hield en houd van wat chique, klassieke kleding. Zij die hebben geschreven dat ik er met mijn Italiaanse hemden en pakken blijkbaar wil uitzien als een *consigliere* uit The Godfather, hebben me nooit naar het lyceum zien fietsen. Mijn smaak is grotendeels onveranderd – ik kon van mijn zakgeld destijds helaas nog geen overhemden in Italië laten maken.

(O, die verdomde hemden! Beste lezer, mocht u van plan zijn een Bekende Nederlander te worden, past u dan ook aan het begin van uw carrière heel goed op wat u een journalist vertelt. Elke onbenullige snipper informatie kan juist die snipper zijn – verdraaid, vervormd; het duurde niet lang of ik zou een hemd na één keer dragen weggooien – die zelfs nog in uw overlijdensbericht zal opduiken. En wanneer u naar uw kleding wordt gevraagd, zeg dan dat c&a voor u goed genoeg is. Men zal uw bescheidenheid prijzen.)

Ooit, het zal op de middelbare school zijn geweest, kocht ik cowboylaarzen, heel stoere, met spitse neuzen. Heb ik misschien twee keer gedragen. Die stijl paste niet bij mij en, goed, mijn ouders waren er ook niet in het bijzonder mee ingenomen. Maar ze zouden me nooit hebben verboden die krengen te dragen. Ik zag zelf dat ze niet bij me...

Wellicht is hier een pas op de plaats verstandig. Ja, ik heb een voorkeur voor nette kleding. Wat een ander draagt kan me niet schelen, of het een slobbertrui is of een gescheurde spijkerbroek; ik zal hem er niet anders om bezien. Maar mij past een maatpak beter. En dat vermoedde ik al op de fiets naar school.

En nee, ik kwam niet in opstand tegen de regelmaat en rituelen van ons dagelijkse leven. Er heerste harmonie. Er werd veel geouwehoerd thuis, veel gekletst over niks en nog meer gepraat over het advocatenvak, maar ruzie maakten we niet. Ik had ook als puber niet de neiging me tegen de vorige generatie af te zetten. Ik vond mijn vader een buitengewoon interessante man en zijn vak minstens zo fascinerend. Ik verzin het niet, ik verzwijg niets – maar ik begrijp hoe atypisch dit kan klinken.

Toch was het misschien allemaal zo vreemd niet, wanneer ik me schaar in de groep van de typische tweede generatie slachtoffers, die men in zoverre 'slachtoffers' kan noemen dat ze lijden aan het ondertussen welomschreven 'tweede-generatie-syndroom'. Liever zou ik me bij geen enkele groep scharen, en zeker niet in een groep van slacht-offers – een afkeer die ironisch genoeg de meeste mensen die last hebben van het tweede-generatiesyndroom delen.

Een eenvoudige definitie van dit syndroom zou kunnen zijn dat de kinderen van ouders die in de kampen hebben gezeten – veelal joden, maar niet uitsluitend – een deel van het trauma van hun ouders hebben overgenomen. Zoals ik schreef dat ik, simpelweg door geboren te worden, die materie in was gesleurd.

Het is voor die kinderen alsof ze in de laatste nog door geweld onaangetaste enclave in een oorlogsgebied leven. Het dagelijks leven gaat zijn gang, het lijkt verdomd veel op het dagelijks leven in welke stad, in welk gebied waar vrede heerst dan ook, ware het niet dat in de verte altijd het gerommel van bominslagen en geweerschoten is te horen. Zo leek ons gezin veel op welk ander welgesteld Maastrichts gezin dan ook – maar de oorlog was nooit ver weg. Er hoefden maar rode bieten op tafel te worden gezet om het kamp een restaurant binnen te halen. U kent het verhaal.

De manier waarop deze voortdurende nabijheid van een grotendeels onbekende, maar daarom niet minder bedreigende wereld de kinderen van ouders als de mijne heeft beïnvloed, kan per gezin, en zelfs per zoon of dochter, natuurlijk enorm verschillen. De verhalen beslaan een spectrum van volkomen geesteszieke ouders die peuters leren gasmaskers te hanteren, van huiselijk geweld tot – nu ja, tot de geweldige opvoeding die ik heb mogen genieten, ondanks dat oorlogsgerommel op de achtergrond. Ik haal de problematiek hier aan, omdat ik me in ten minste een van de symptomen herkende, toen ik op latere leeftijd van het syndroom hoorde: de neiging het de ouders zo veel mogelijk naar de zin te maken. Niet door heel bewust die of die handeling te verrichten, of je bewust op een bepaalde manier te gedragen.

Het is eerder een houding.

Je droomt van een nieuwe fiets, maar je gaat er niet om zitten zeuren. Je bent afgewezen door het eerste meisje dat je nu eens echt leuk vond – maar thuis loop je niet huilerig of sacherijnig rond. Ben je gek? Wat is een fiets, wat zijn een paar kussen van dat meisje in vergelijking met het kamp? Volstrekt triviaal toch? En nogmaals, het was niet zo dat mijn vader voortdurend riep dat dit of dat in vergelijking met zijn ervaringen triviaal was – ik was zelf van die gedachte doordrongen. Ik weet niet eens of hij het blauwtje dat ik had gelopen oninteressant had gevonden, want ik hield mijn mond.

Pas veel later begreep ik dat dit onbewuste *pleasen* eigenlijk ongezond is, en dat een mens daar last van mag hebben. Maar een bevrijding was dat niet, want wat is een beetje ongezond gedrag in het licht van het kamp? Volkomen triviaal toch? En zo kun je er last van hebben dat je er last van hebt, en daar weer... Maar het laatste woord van de reeks is altijd: triviaal. En misschien, dit is moeilijk uit te leggen, moet dat ook zo zijn. Ik ben van nature een rationeel, logisch denkend mens, en ben er dan ook van overtuigd dat een beetje last hebben van het trauma van je vader best getrivialiseerd mag worden. Ik heb niet de neiging me te beklagen, mijn klachten betekenen ook wérkelijk niets in het licht van de geschiedenis. Die fiets was ook werkelijk niet belangrijk, noch die paar gemiste kussen.

Hoe kwam ik op dit hele verhaal?

O, ik stond stil bij nette kleding, bij het feit dat ik ook als puber niet tegen mijn ouders ageerde. Waarschijnlijk omdat het zo makkelijk zou zijn – en voor anderen wel eens is geweest – om tussen die zaken een direct verband met het tweede-generatiesyndroom te leggen. Maar hoewel ik niet uitsluit dat het een met het ander iets te maken heeft, geloof ik toch dat er van een direct verband geen sprake kan zijn. Want een andere eeuwenoude, onopgeloste vraag is: in hoeverre word je gevormd door je omgeving, en in hoeverre liggen bepaalde eigenschappen bij je geboorte al vast? Men kan tegenwoordig mijn DNA in kaart brengen, maar daarmee is deze kwestie nog niet opgelost. Ik voelde me, ondanks alles, goed in de orde en regelmaat van De Ark. Ik voelde me prettig bij mijn moeder, en prettig in de hemden die ze voor me streek. Ik voelde me prettig bij mijn vader, en begon al gauw te houden van het werk dat hij deed.

'Ja, Bram', probeert u misschien toch nog eens, 'tuurlijk, maar wat als niet die oorlog en niet dat kamp…'

Dat zullen we nooit weten. Feit is dat ik, vanaf dat ik een jaar of veertien, vijftien was, graag meeging om mijn vader aan het werk te zien. Feit is dat ik genoot van het theater, van die arena waarin mijn vader en zijn tegenstanders – de geweldige officier van justitie Booster bijvoorbeeld – een elegant gevecht leverden. Dat had ook niet zo kunnen zijn. Een ander mannetje had het misschien vervelend gezeur gevonden. Had misschien afkeer gevoeld van de ernst van bepaalde zaken. Ik niet. Voor mij was het zo logisch dat ik advocaat zou worden als dat ik elke ochtend mijn tanden poetste. Mijn broers en ik werden niet, zoals men pleegt te denken, een bepaalde richting in gedwongen. Er was geen geweldige druk om te presteren – er werd verwacht dat we naar kunnen presteerden, en dat leek me redelijk. Een slecht cijfer voor een proefwerk op z'n tijd, of later een tentamen dat ik niet haalde, was geen probleem.

Maar het harde werken heb ik zeker van mijn vader afgekeken. Hard werken was vanzelfsprekend. Dat wij daar beiden onze eigen verborgen motieven voor hadden, dat zag ik later pas in. Hij wist door altijd bezig te zijn de gekmakende geschiedenis op afstand te houden, en ik heb hierin wél eens het effect van het *pleasen* vermoed. Het is nog maar kort geleden dat ik me schuldig voelde als ik eens een keer uitsliep, of wanneer ik eens een weekje vakantie nam.

Ach, er is natuurlijk meer, er is altijd meer, maar dat laat onverlet dat mijn keuze om rechten te gaan studeren de logische uitkomst was van een jeugd, een leefwereld die in het teken stond van de advocatuur, en van een vroeg opgebloeide liefde voor dat dynamische beroep.

Ik sprak over een groeiend bewustzijn dat we anders waren. Daar zou ik nog even op willen terugkomen. Ik had het over uiterlijkheden, en voor ik het wist was ik in het tweede-generatiesyndroom beland. Iets waarvan ik als schooljongen natuurlijk nog geen flauw benul had. De dingen die me toen al deden inzien dat we toch wat apart waren, kwamen vanzelf, in de confrontatie van een joods gezin met het katholieke zuiden.

Een van de reden dat ik nooit van carnaval heb gehouden, is dat ik destijds heb mogen meemaken hoe dronken stadsgenoten vanachter hun maskers woorden durfden te gebruiken die ze nuchter en herkenbaar zouden hebben ingeslikt. Meestal woorden die beginnen met een J.

Hoe ouder ik werd, hoe meer ik begon te merken dat ik behalve de Bram van mijn ouders ook werd gezien als die Moszkowicz, dat zoontje van die joodse strafpleiter.

'Joods', en 'strafpleiter', twee woorden die in het Limburg van die tijd bepaald niet lekker lagen. Mij begon dat, denk ik, pas in mijn lyceumtijd te dagen – al moet ik daar onmiddellijk bij zeggen dat men mij daar over het algemeen bejegende als ieder ander, net zoals ik buiten het schoolplein ook een heleboel lieve, verstandige Limburgers meemaakte – maar voor mijn vader was het uiteraard allang gesneden koek.

Vanaf het moment dat hij dat bordje met zijn naam en nieuw verworven functies op zijn deur hing, bloeide zijn praktijk. Hij was scherp, hij excelleerde, en hij deed strafzaken – een vakgebied waaraan de meeste advocaten in die tijd hun vingers niet wilden branden.

De zaken liepen zo goed, dat deze indringer al snel kon rekenen op het wantrouwen en dedain van het oude, hiërarchische, milieu. Het ging verder dan roddel en achterklap; er werden heuse protestacties op touw gezet. Zo zou mijn vader te veel personeel hebben. In de advocatenkamer hing een pamflet: Max Moszkowicz diende niet meer stagiaires aan te nemen. Daar moest de orde potverdikkie eens iets aan doen. Wantrouwen en dedain gingen over in regelrechte tegenwerking.

Maar Max Moszkowicz bleef doen wat hij zelf goed

achtte, en de cliënten stroomden toe. Eerst werd in het arrondissement Maastricht (en dus ook bij het hof in Den Bosch) bekend dat hij zich op strafrecht toelegde, later werd dat ook boven de grote rivieren bekend. Men had, zoals gezegd, in die dagen een zekere minachting voor de advocaat die zich specialiseerde in strafrecht. Een strafpleiter was niet bepaald chic. Het zal te maken hebben gehad met de clientèle, met het feit dat men schone handen wilde houden. En wat dat betreft is niet alles veranderd: er zijn nog altijd veel, vooral wat chiquere, kantoren die op 'mijn soort' neerkijken. Uiteraard doen ze wel eens wat strafrecht, maar dan liever economische delicten. Daarbij kun je van slachtoffers nauwelijks spreken, nietwaar? Daarbij houd je je handen lekker schoon. Terwijl we in 2012, tijdens deze crisis, allemaal wel weten wie soms de grootste boeven zijn, terwijl we... Nu ja. Laat ik het hier maar bij houden.

Hoe het ook zij, mijn vader werd steeds bekender. Hij begon goed te verdienen, en was net als ik een groot liefhebber van mooie auto's. Toen hij een sportwagen kocht, een Jensen – zeer exclusief, een prachtige machine – kopte de plaatselijke krant prompt: 'Moszkowicz koopt peperdure bolide'.

Het begon me pas echt te dagen hoe beroemd hij was toen ik op een dag niet meer naar school hoefde te fietsen. Het was halverwege de jaren zeventig, niet lang nadat de terreurgroep die zich 'Zwarte September' noemde tijdens de Olympische Spelen in München elf Israëlische atleten en officials had ontvoerd en doodgeschoten. Groepen als deze, gelieerd aan de Palestijnse PLO en Fatah, overspoelden de wereld met een golf van terreur. Alles wat joods was, zowel objecten als mensen, kon het doelwit zijn. Bij de Binnenlandse Veiligheidsdienst was informatie binnengekomen dat men het mogelijk op mijn familie gemunt had. Vanaf dat moment werd ik 's ochtends in de auto naar school gebracht, en 's middags weer opgehaald. Er werd ons verteld hoe we konden zien of we werden gevolgd.

Het waren vreemde maanden. Op school mocht ik niks vertellen, terwijl iedereen zich natuurlijk afvroeg wat er in godsnaam gaande was. Het gevolg: nog meer geruchten, nog meer roddel en achterklap. Pas veel later kreeg men de werkelijke toedracht te horen.

Rond die tijd ook moet het zijn geweest dat mijn vader schietlessen, en wij judolessen begonnen te nemen. Of we werkelijk bang waren kan ik me niet meer herinneren, maar wonderlijk was het op z'n minst, voor mij althans: om bedreigd te worden, zomaar, om wie je bent.

En zo begon mijn ervaring, alhoewel indirect, met de roem onmiddellijk met de gewaarwording van zijn donkere kanten.

Kijk, wanneer ik eens zonder kaartje in de tram zat, en de conducteur bij het horen van mijn naam onbedaarlijk moest lachen, dan kon ik daar de lol wel van inzien. Wanneer ik mijn vader later, nadat hij ook in Amsterdam een kantoor geopend had en daar grote zaken begon te doen, op televisie zag praten over zijn vak en het strafrecht in het algemeen, dan begreep ik dat roem ook een middel kan zijn om iets te bereiken – ik schuif nu niet voor niks regelmatig aan bij RTL Boulevard.

Max heeft onze tak van sport met zijn zorgvuldige manier van praten en zwijgen salonfähig gemaakt. Hij heeft het strafrecht op de kaart gezet. Uiteraard had hij de tijdsgeest mee; men begon zich steeds meer voor criminelen en hun zaken te interesseren. Misdaadjournalisten deden in de dagbladen en op de televisie steeds betere zaken. Men zou hoogstens kunnen zeggen dat mijn vader het in de publiciteit té goed heeft gedaan: de afgelopen vijftien jaar grenst de aandacht voor strafzaken soms aan het hysterische.

Toen ik ging studeren viel dat allemaal nog mee. En ik was nog gewoon een studentje, dat min of meer bij toeval in Amsterdam was beland. Dat ik rechten ging studeren stond – ten overvloede – vast, maar aan welke universiteit dat zou gebeuren had ik niet geheel zelf in de hand, een plaatsingscommissie zou dat beslissen. Ik mocht drie voorkeuren opgeven. Leiden stond op een, Amsterdam op twee en Utrecht op drie.

Laat ik nu even een momentje nemen om het lot heel hartelijk te bedanken voor mijn plaatsing in Amsterdam. Dank! De lichtjes weerspiegeld in het water van de grachten, de directheid van de Amsterdammer, de stille parken en bedrijvige pleinen – ik wist het tijdens de introductieweek al: hier hoor ik, hier ga ik nooit meer weg. Ik vond een kamertje op de Marnixstraat, waar ik zelfs 's nachts het lawaai van de tram met liefde begroette.

Er volgden jaren uit, hier kan ik dat woord zonder meer gebruiken, een doorsnee studentenleven. Ik doorliep de studie soepeltjes, maar zonder me druk te maken om negens of tienen. Ik was er niet op uit cum laude af te studeren. Ik dronk wat, ik las wat, ik laafde mij aan de aanwezigheid van dames van velerlei komaf. Om voeling met de praktijk te houden reisde ik regelmatig naar Den Bosch om mijn vader in actie te zien. Na afloop dineerden we samen, en voordat ik weer in de trein stapte gaf mijn moeder me vaak wat kliekjes mee. Zo verstreken de jaren, tot ik in 1984, plotseling leek het wel, was afgestudeerd.

En toen versnelde de tijd. Mijn vader had inmiddels een kantoor geopend aan de Keizersgracht. Ik huurde een appartement aan de Herengracht, en kon beginnen. Ik trad toe tot de maatschap Moszkowicz. Een vader en vier zoons in de advocatuur. Een ongewoon verhaal, maar ik had weinig tijd om daarbij stil te staan. Ik werd meteen in het diepe gegooid. De eerste keer dat ik in de rechtszaal mocht pleiten was uiteraard bijzonder, maar tegelijkertijd volkomen vanzelfsprekend. Ik had het gevoel alsof ik die toga al duizend keer had gedragen – de toga die mijn vader nog voor mijn studie had laten maken. Twee jaar later had ik meer strafzaken gedaan dan menig advocaat in tien jaar. In het begin leverde mijn naam me eerder last dan voordeel op, wilden rechters – vooral wanneer ze kort geleden nog door mijn vader in een of andere zaak terecht waren gewezen – dat knulletje van Max graag even de oren wassen. Maar ik geloof dat ze uiteindelijk allemaal wel hebben moeten inzien dat ik op eigen kracht ook iemand ben om rekening mee te houden. Ik werkte dan ook keihard, ik begon nooit onvoorbereid aan een verhaal – 'Word niet zo'n advocaat die denkt onzin te kunnen verkopen door om elk woord een strik te binden.'

Mijn naam, het toenemende aantal grote zaken dat ik deed, en de toenemende aandacht voor het strafrecht, waarover ik zo-even al sprak, maakten dat ik relatief snel in de kijker van journalisten liep. Er kwamen televisieprogramma's die zich speciaal met strafzaken bezighielden. In kranten werden er hele pagina's voor ingeruimd. Strafrecht werd sexy. En al zei ik net dat deze aandacht in principe een goede zaak was, omdat strafrecht een serieus te nemen onderdeel van het recht is; van sensatiejournalistiek wordt geen mens wijzer. De serieuze, goed geïnformeerde journalisten waren en zijn op een hand te tellen, terwijl daar omheen een heel koor aan nitwits, gemankeerde schrijvers en confrères volop de ruimte krijgt om hun valse moordliederen ten gehore te brengen.

Strafrecht is, in de tijd tussen het moment dat mijn vader zijn eerste bordje op zijn deur hing en de dag van vandaag, misschien iets té sexy geworden.

HOOFDSTUK 5

Teleologisch, infaam en abject

Maandag 19 februari 2007, Holiday Inn, Buitenveldert.

Een katheder, topzwaar van microfoons: NOVA, SBS 6, RTL, VRT, NOS...

Ik nam het woord: 'Dames en heren van de pers...'

Die maandag had ik gewoon zullen werken. Dossiers lezen op kantoor, pleiten in de rechtszaal, heerlijk uitgerust na een weekend in Zuid-Frankrijk met mijn vrouw.

In plaats daarvan stond ik in een zaaltje met lelijke gordijnen voor het moeilijkste moment in mijn loopbaan als advocaat. En wat een ontspannen weekendje in Frankrijk had moeten zijn, was aangevangen met drie gepantserde auto's die me met gierende banden tot aan de trap van het Transavia-vliegtuig hadden gebracht, was begonnen met een afscheidsgroet van zwaarbewapende mannen in kogelvrije vesten.

'Dames en heren van de pers, ik ga enkele mededelingen doen, dat zal u niet zijn ontgaan.'

Tegen de achterwand van het onooglijke zaaltje stonden Leon de Winter en Jessica Durlacher. Goede vrienden. Reddingsboeien. De stoelen werden bezet door persmensen van allerlei pluimage; van journaille als Leistra van Elsevier tot journalisten als een jongedame van het Jeugd-journaal. Hier en daar zaten mannen die niet naar mij, maar naar de anderen in de zaal keken. Mijn beveiligers.

De persconferentie werd live uitgezonden door de NOS.

De vrijdagavond daarvoor had het NOS achtuurjournaal geopend met de tekst: 'Moszkowicz opgepakt uit veiligheid'. Men had vervolgd: 'Advocaat Bram Moszkowicz is door agenten uit zijn kantoor in Amsterdam gehaald. Dat is gebeurd om hem in veiligheid te brengen, zegt de politie van Amsterdam. Volgens de politie is Moszkowicz vandaag ernstig bedreigd. Dat zou zijn gebeurd via de telefoon en e-mail. Ooggetuigen hebben tegen de NOS gezegd dat de advocaat door een zwaar bewapend politieteam uit zijn kantoor is gehaald en met een auto is afgevoerd. Hij is daarna naar het hoofdkantoor van de Nationaal Terrorismecoördinator (NTCB) in Den Haag gebracht. Daar heeft Moszkowicz een gesprek gevoerd over zijn veiligheidssituatie.'

Die vrijdagmiddag, half vijf, riep ik tegen mijn kinderen: 'Pappa gaat even weg. Maak je geen zorgen!'

Ze kwamen net terug van school, vielen midden in een situatie die deed denken aan een FBI-actie in een film. Breedgeschouderde heren hadden me verzocht een kamer in te gaan en daar te blijven – een kamer in mijn eigen kantoor – en zochten nu naar de beste route om me veilig eerst mijn pand aan de Herengracht, en vervolgens Amsterdam uit te krijgen. Niet veel later werd ik door de voordeur in de middelste van de stationair draaiende auto's gewerkt.

Loeiende sirenes, zwaailichten, we vlogen de gracht af, de stad uit, richting Schiphol.

'Waar gaan we naartoe?' vroeg ik.

'Nu even niet, meneer, over tien minuten kunnen we praten.'

En daar zit je dan. Heel even heb je over jezelf niks meer te zeggen, heb je niks meer in de hand, en dat terwijl je eigenlijk wel weet dat deze hele vertoning volkomen absurd en zinloos is. Niets ten nadele van de mannen die de operatie moesten uitvoeren; wanneer u werkelijk in gevaar verkeert, mag u zich gelukkig prijzen met de professionaliteit van deze heren van de DKDB, de Dienst Koninklijke en Diplomatieke Beveiliging. Maar het probleem was dat ik wist dat ik niets te vrezen had. Ik vroeg me in die gepantserde auto al af welk spel er nu weer gespeeld werd, en door wie.

Om niet zoals die colonne daar op die snelweg veel te hard te gaan, moet ik misschien opnieuw even pas op de plaats maken, en teruggaan naar de vroege middag van die vrijdag de zestiende.

Ik was op kantoor. De Deken van de Orde van Advocaten van Amsterdam belde.

(Op het gevaar af een file te veroorzaken, meen ik ook dit even te moeten uitleggen: we hebben het hier niet over een dekbed of iets dergelijks, we hebben het over de dame of heer die aan het hoofd staat van een regionale Orde van Advocaten. Nederland is wat het recht aangaat verdeeld in negentien arrondissementen, dat wil, gesimplificeerd, zeggen: in negentien steden vindt u een rechtbank, en aan die rechtbank is een bepaald gebied toegewezen. Elk arrondissement heeft een eigen Orde van Advocaten. Deze Orde wordt geleid door een Raad van Toezicht, onder voorzitterschap van een Deken. De Deken is min of meer het opperhoofd der advocaten, en dient ervoor zorg te dragen dat de advocaten in haar gebied geen dingen doen die niet door de beugel kunnen.)

Enfin, het was een uur of één, en de toenmalige Deken, mr. Van Veghel, een wijs en integer mens, het soort mens dat mijn vader een 'Mensch' zou noemen, verzocht me met spoed naar zijn kantoor te komen.

Ik trof hem aan in gezelschap van een medewerker van de afdeling strafrecht. 'We hebben een vervelende mededeling voor je, Bram. We zijn gebeld door hoofdofficier De Wit. Het schijnt dat je gevaar loopt. Het om en de Amsterdamse politie hebben gebeld met de Coördinator Terrorismebestrijding in Den Haag, de heer Joustra. Je wordt over anderhalf uur uit je kantoor gehaald.'

Anderhalf uur. Geen tijd om grondig uit te zoeken wat er precies aan de hand was, zeker niet als ik nog wat spullen wilde pakken – ik was opgestaan in de veronderstelling later op de dag voldoende tijd te hebben om op mijn dooie gemak mijn koffer te pakken voor het weekendje weg.

Maar enkele vragen moesten toch gesteld. Hoe ernstig was de dreiging? Waar kwam de informatie vandaan, en van wanneer dateerde die?

De ernst van de zaak kon door Van Veghel moeilijk worden ingeschat. Hij was niet meer dan een doorgeefluik, hem was alleen bekend dat de cie, de Criminele Inlichtingen Eenheid (de naam zegt het al: het politieonderdeel dat verantwoordelijk is voor het verzamelen, analyseren en vastleggen van informatie over strafbare feiten en verdachten) reden had om aan te nemen dat ik werd bedreigd door lieden die van mening waren dat ik Holleeder niet goed genoeg bijstond. Het was hoe dan ook echt beter dat ik niet in de stad zou blijven.

En hoe oud was die informatie?

Het verbazingwekkende antwoord luidde: een half jaar. Ik moest dus over minder dan anderhalf uur de stad verlaten omdat een half jaar geleden informatie was binnengekomen dat ik gevaar liep?

Hoofdofficier De Wit werd gebeld. Kon de goede man het een en ander toelichten, misschien? Merkwaardigerwijs was dat niet het geval. Men had het verder aan 'Den Haag' overgelaten, ook omdat mijn relatie met de Amsterdamse CIE verstoord heette te zijn – ik had hen in een pleidooi 'vlerken' genoemd. Een belediging uit de tijd van Dik Trom, men hoort in de Tweede Kamer dagelijks erger, maar blijkbaar hadden de dames en heren het zich zeer aangetrokken. De verantwoordelijkheid voor mijn veiligheid was overgedragen aan de Dienst Koninklijke en Diplomatieke Beveiliging.

Vier uur later scheurden we Schiphol voorbij.

Daar waar ik nu, achteraf, met enige relativering wat scherts over het feit dat men mij had overgedragen aan 'Den Haag', en over een antieke belediging, vond ik dat in die auto zo lollig niet. Sterker nog, het was zeer onplezierig om te moeten constateren dat de CIE zo over mij dacht.

De man op de passagiersstoel draaide zich naar mij toe en stelde zich voor als meneer x, de leider van de actie. 'Wij brengen u naar Den Haag, naar meneer Joustra.'

Twintig minuten later arriveerden we in de parkeergarage van een bunkerachtig gebouw. Om half zes zat ik aan de koffie met Tjibbe Joustra. Hij vertelde me wat ik al had gehoord, ik vertelde hem wat ik in Amsterdam al had gezegd: dat het allemaal geklets was. Informatie van een half jaar geleden, en nog ondeugdelijke informatie ook.

'Want wat wordt aangevoerd als zijnde de reden, meneer Joustra, dat kan ik u nu al zeggen, het is gelul.'

U begrijpt, mijn emoties waren tegen die tijd wat hoog opgelopen.

'En toch heb ik een paar dagen nodig om daar absoluut zeker van te zijn', zei hij. 'Wat zijn uw plannen voor dit weekend?'

'Ik was van plan om naar Zuid-Frankrijk te gaan, en me bij mijn vrouw te voegen.'

'Hoe laat gaat uw vliegtuig?'

'Over drie kwartier, dus dat halen we niet meer.'

'Natuurlijk wel. Dat halen we.' Hij pakte de telefoon.

Een kwartier later waren we op Schiphol. Ik verzeker u: wanneer Joustra iets doet, dan doet hij het goed.

Ik wandelde met mijn vrouw langs de vloedlijn. Van de mediagekte thuis had ik geen weet. Later hoorde en zag ik de artikelen, de items, de koppen pas.

NOS: *Moszkowicz opgepakt uit veiligheid.*

Opgepakt, een aardige woordkeuze.

Volgens de politie is Moszkowicz vandaag ernstig bedreigd. Dat zou zijn gebeurd via de telefoon en e-mail.

U weet inmiddels wat hiervan waar is.

Het NRC Handelsblad van zaterdag 17 februari, pagina 1: *Moszkowicz slaat op de vlucht na ernstige dreiging.*

Laat ik nu mijzelf eens citeren, want beter dan tijdens de persconferentie van die maandag kan ik mijn afkeer van dit soort tendentieuze koppen niet verwoorden.

'Van de tientallen mogelijkheden die deze krant had om het feit van de waarschuwing die ik ontving op neutrale wijze te omschrijven, werd gekozen voor de vorm *op de vlucht slaan*. "Op de vlucht slaan" is iets actiefs, is een impulsieve poging om aan gevaar en dreiging te ontkomen door afstand te nemen, weg te rennen. Het kan ook anders. Het Financieele Dagblad kopte: *Politie brengt advocaat Moszkowicz in veiligheid*. Deze zin dekt de werkelijkheid, de kop van NRC Handelsblad daarentegen roept het beeld op van een bange, laffe man die halsoverkop zijn huis verlaat.'

Maar goed, wandelend op het strand in Frankrijk had ik van al die stupiditeit nog geen notie genomen. Ik had andere zaken aan mijn hoofd dan sensatiejournalistiek – al had een van die zaken wel iets van doen met de kletspraat van een dandy die zich de ene dag journalist noemt, de andere dag presentator, en de volgende – tsja, wat doet die man eigenlijk? Zijn naam, die op deze pagina's niet genoemd hoeft te worden, kwam dat weekend in de gesprekken die ik met vrouw en vrienden voerde wel eens langs, daar was weinig aan te doen. Maar hij was de minste van mijn zorgen. Ik stond voor een besluit dat ik nooit had gedacht te hoeven nemen, het besluit om mij terug te trekken als de raadsman van een van mijn cliënten: Willem Holleeder.

'Dames en heren van de pers, ik ga enkele mededelingen doen, dat zal u niet zijn ontgaan. In januari 2006 werd mijn cliënt Willem Frederik Holleeder gearresteerd. Holleeder is sinds twintig jaar mijn cliënt.'

De persconferentie was begonnen. Wat had mij daar voor die microfoons en camera's gebracht?

De overtuiging dat ik moest verklaren waarom ik mijn cliënt niet langer kon verdedigen. Het is in dit land een fundamenteel recht van elke burger dat hij de raadsman kan kiezen die hij wenst. Wordt dit recht geschonden, door het de burger en de gewenste raadsman opzettelijk onmogelijk te maken samen te werken aan een goede verdediging, dan kan men dat niet stilletjes voorbij laten gaan. Ik hoef de hele persconferentie hier niet nog eens over te doen, die kunnen geïnteresseerden in de appendix nalezen. En ik hoef ook niet alle krachten die waren gebundeld om ervoor te zorgen dat ik Holleeder niet zou verdedigen, en die mij dus indirect tot die persconferentie hadden gedreven, nog eens te benoemen en definiëren.

Maar wellicht heeft het zin er één punt uit te lichten dat altijd actueel blijft: de rol van beeldvorming in relatie tot het recht. De media gebruiken de onderwerpen en spelers in het strafrecht om te informeren, maar vaker om te scoren, en soms – ik benadruk: *soms*, het kán voorkomen – gebruiken magistraten de media om een juridische uitkomst die zij wenselijk achten te bespoedigen.

'En jij dan, Bram, wat moet jij altijd bij Pauw en Witteman en Nieuwsuur, bij Boulevard, bij...'

Ik hoor het u vragen, en het is een prima vraag, die ik in één zin kan beantwoorden: bij Pauw en Witteman zit ik negen van de tien keer in het belang van mijn cliënt, bij Boulevard heb ik een functie, die ik in het vorige hoofdstuk al heb uitgelegd. Nu goed, laat ik daar nog een paar zinnetjes aan toevoegen: RTL Boulevard is behalve een podium om de leek iets uit te leggen over de juridische kant van actuele onderwerpen ook simpelweg leuk, ontspannen. Aanschuiven bij de heren Pauw en Witteman, om elf uur 's avonds, na een lange dag werken, is echter niet mijn idee van een fijn avondje uit. Bij die heren dient gewerkt te worden. Ik zit daar omdat ik denk iets voor mijn cliënt te kunnen betekenen. En inderdaad, daarmee probeer ik het proces te beïnvloeden. Dat is mijn taak. Een advocaat is per definitie partijdig, weet u nog? Rechters zijn dat niet, en horen dat ook nooit te zijn.

Alweer een paar hoofdstukken terug schreef ik: wij leven gelukkig in een land waar we er niet vanuit hoeven te gaan dat een rechtbank partijdig is. Ik gaf aan dat, juist om de objectiviteit van de rechtbank te waarborgen, het belangrijk is die te bevragen, wanneer daar aanleiding voor is. En soms is daar nu eenmaal aanleiding toe. Vergelijk de Nederlandse rechtsstaat met een sterrenrestaurant; zelfs daar brandt wel eens iets aan.

In de periode die ik hier beschrijf was de brandlucht even niet te harden.

Wat waren de woorden die u invielen toen u dit boek in de boekhandel zag liggen? Topadvocaat? Dank u. Niet mijn woord, nooit geweest, onzinnig woord ook, maar ik hoor het uiteraard liever dan een woord als 'maffiamaatje'. En toch zullen sommigen van u ook dat woord aan mijn naam verbinden. Het is als met de Italiaanse hemden, ik kom er nooit meer vanaf. Wat de hemden betreft zij dat maar zo, maar als ik dat andere cliché toch nog eens van me af zou kunnen schudden zou me dat een lief ding waard zijn. Het is namelijk geen onschuldige term. Misschien had dat wel zo kunnen zijn, wanneer het in de sfeer was gebleven waar het thuishoort. In de roddel en achterklap rond een stamtafel. Daar horen eigenlijk ook woorden als 'topadvocaat' thuis: dat woord is goed beschouwd niet meer dan de andere kant van de medaille. Maar het woord 'maffiamaatje' maakte niet lang voor mijn persconferentie zijn entree in het publieke domein, gekoppeld aan mijn naam, en werd door mijzelf – zou men terecht kunnen opwerpen – nog eens meer beladen gemaakt door het de rechtszaal in te slepen. Destijds was ik het die tegen de journalist/televisiepresentator/dinges vanwege zijn gebruik van dit woord een kort geding aanspon. Nooit eerder vond ik het nodig de halve waarheden en leugens die men in de media over mij debiteerde op andere wijze dan met het woord tegen te gaan. Niettegenstaande het feit dat ik als jonge advocaat al merkte dat dat gelijk stond aan onkruid wieden; je trekt wat uit en schraapt wat weg, en een paar dagen later kun je weer opnieuw beginnen.

Zoals mijn vriendin pleegt te zeggen: '*Opinions are like assholes, everybody has one.*'

Maar ik vond, en vind, dat er met deze term een grens werd overschreden. Ik heb daar op de bewuste maandag het volgende over gezegd: 'De aanvallen die ik geregeld te verduren krijg door mijn optredens in de openbaarheid zijn soms fel, kwetsend, pijnlijk, en als publieke figuur ontwikkel je een dikke huid om daarmee te kunnen bestaan. Peter R. De Vries leerde mij: "*If you can't stand the heat, get out of the kitchen.*" Maar dit incasseringsvermogen staat los van de juridische werkelijkheid, die ook mij het recht biedt op bescherming van mijn eer en goede naam.'

Kortom: ik ben dan wel advocaat, en in die hoedanigheid met enige regelmaat in het nieuws, maar wil dat zeggen dat ik me werkelijk iedere belediging moet laten aanleunen? Wanneer iemand me een vlerk had genoemd, was ik heus niet naar de rechter gestapt. Maar maffiamaatje? Moet zo'n aantijging, die mijn integriteit als *professional* – als iemand die zijn hele leven geleerd en gewerkt heeft om zijn vak zo goed en precies mogelijk uit te oefenen – aantast, niet met feiten onderbouwd worden?

'Tsja', zegt de rechter. 'Misschien is dat zo, misschien is dat niet zo, maar ik heb toevallig van verschillende lieden uit uw buurt gehoord dat u een beetje een raar ventje bent.'

Laat ik nu onmiddellijk, voor ik verder ga, onderstrepen en benadrukken en cursiveren *dat de Bram Moszkowicz die zo dadelijk rechter Poelman gaat vergelijken met de befaamde maar fictieve rechter uit de al even legendarische maar fictieve Zaak van Het Gestolen Ondergoed de rechtszoekende Bram Moszkowicz van destijds is, niet mr. Abraham Moszkowicz.*

Waarom dit onderscheid zo belangrijk is, daar komen we nog op. Onthoudt voor nu slechts even dat behalve de koningin en de haren iedereen in dit land naast de functie die hij of zij bekleedt ook burger is, en dat elke burger bij de politie aangifte kan doen. De burger Bram deed aangifte wegens smaad, laster en belediging.

Rechter Poelman oordeelde (een dag voordat ik wegens die verschrikkelijk acute dreiging beveiligd moest worden) dat ik als publieke burger minder rechten zou hebben dan als niet-publieke burger. Dat was vanuit zowel een moreel als juridisch standpunt volkomen nonsens. Zoals ik hier al uitgebreid heb betoogd, zou het voor de rechter geen enkel verschil moeten maken wie er voor het hekje staat. En zoals ik in mijn persconferentie al zei: 'De wet geldt voor eenieder en maakt geen onderscheid tussen publieke of niet-publieke figuren.'

Maar rechter Poelman wist het beter. Zij voerde allerlei onbewezen prietpraat uit de media aan – voor het overgrote deel van de hand van de dinges tegen wie ik het kort geding had aangespannen – om aan te tonen dat zij mocht oordelen dat die dinges zich met zijn kwalificatie 'maffiamaatje' niet te ver bezijden de waarheid begaf.

Het kwam erop neer dat zij zei: 'Goed, er is geen bewijs voor het feit dat u het ondergoed van de waslijn van uw buurvrouw hebt gestolen. Maar er is ook geen bewijs dat u dat niet hebt gedaan. Noch is er bewijs voor het feit dat u eergisteren uw schoonmoeder met een aardappelschilmesje hebt bedreigd. Maar dat terzijde, daar hebben we het nu niet over, dat heeft niemand gezegd, zelfs ik niet, daar is helemaal geen aangifte van gedaan, maar ik wilde het toch even gezegd hebben. Het punt is, dat ik mijn licht eens heb opgestoken bij deze en gene, en dat deze en gene hebben verklaard u een raar mannetje te vinden. Daarom acht ik de beschuldigingen aan uw adres niet overdreven.'

En deze satire, vindt u die overdreven? Ga ik te ver? Ik sta nu voor een tweesprong. Ik kan de hele geschiedenis van Holleeder en Endstra oprakelen, ik kan opnieuw uitleggen geen reden te zien om de eerste na de dood van de tweede niet te kunnen verdedigen – uitleggen dat de

Deken daar ook geen reden toe zag – ik kan ingaan op de precieze verdachtmakingen van die dinges en anderen rondom het lekken van informatie van mijn kantoor, ik kan ingaan op de kletspraat dat ik de beste vriend was van heren als Holleeder en Endstra en hen niet alleen met mijn woorden, maar ook met mijn leven zou verdedigen. Maar ik kan er ook mee volstaan om te zeggen dat de lezer die geen idee heeft waarover ik het heb de sleutelwoorden uit het voorgaande nog maar eens moet googelen – al wil ik u bidden per onderwerp dan minstens vier verschillende artikelen van vier verschillende bronnen te lezen, en mijn persconferentie van die ongelukkige dag er ook nog eens bij te halen. Leg alles naast elkaar, neem de tijd en oordeel zelf. Laat ik u uitnodigen in de wondere wereld van de tegenstrijdige berichtgeving. En niet slechts omdat het hier over mij gaat.

Uiteraard zou ik het prettig vinden wanneer u na lezing van dit boek zou denken: 'Goed dan, misschien moet ik niet alles wat ik over Bram hoor of lees geloven.' Maar ik zou het nog prettiger vinden wanneer u werkelijk wat sceptischer wordt over álles wat u leest of hoort, wie daarvan ook het onderwerp is. Dit lijkt in 2012 een cliché, een aansporing die niet meer nodig zou moeten zijn – regelmatig roepen specialisten dat we allemaal zoveel kritischer zijn geworden. Ik waag dat te betwijfelen.

Ik wil me daarmee niet geheel onttrekken aan het behandelen van vragen die destijds veel te horen waren en nu nog actueel zijn, omdat ze ethische kwesties betreffen. In een volgend hoofdstuk zal ik terugkomen op de criteria om iemand wel of niet te verdedigen. Beloofd. Ik zal ook terugkomen op een andere implicatie van het woord maffiamaatje; de veronderstelling dat strafpleiters als ik koffers met zwart geld onder ons bed hebben liggen. Hier en nu gaat het me om iets anders: de sentimenten die de pers losmaakt omdat die nu eenmaal bladen en kranten verkopen, de sentimenten waarvan een rechter zich verre zou moeten houden.

Stel nu dat ik hier zou beweren dat de heer Leistra, misdaadverslaggever van Elsevier, de laatste is die nieuwsrubrieken en misdaadprogramma's zullen uitnodigen, omdat men slechts in acute paniek deze bestofte bureaudeskundige voor de camera gedoogt. Stel nu dat iemand mij dat verteld heeft, en daaraan heeft toegevoegd dat, áls hij dan gebeld wordt, de arme man niet weet hoe snel hij zich naar de studio moet begeven – waar hij dan steevast urenlang zenuwachtig zit te wachten tot hij aan de beurt is. Als ik dat zou schrijven, zou u terecht protesteren: 'Bram, dat kun je niet maken, je hebt maar één bron. Ook al kon het die Leistra destijds niet schelen waar hij zijn informatie voor het artikel over het einde van de Moszkowicz-dynastie vandaan haalde: verlaag je niet tot het niveau van een sensatiejournalist.'

En dan zou ik beschaamd knikken, en zeggen dat u volkomen gelijk hebt.

Dat de sensatiepers doet wat zij doet, dat kun je haar eigenlijk niet kwalijk nemen. Zij heeft een winkel te runnen. Zij heeft voldoende aan een foto van Endstra en Holleeder op een bankje om aan te tonen dat de mannen samen volop aan het werk zijn, zij ziet scooters voor mijn kantoor staan en Holleeder op een soortgelijke scooter door Amsterdam rijden en maakt voor het sluiten van de persen van een en een gauw twee. Dat zogenoemde kwaliteitskranten – die een andere functie zeggen te hebben dan enkel entertainment – en zelfs een rechter als Poelman diezelfde optelsom maakten is zeer kwalijk. Zowel een serieuze krant als een rechter dient aan waarheidsvinding te doen, en niet vrijelijk wat te associëren.

Leon de Winter heeft de dag na de persconferentie een stuk naar de Volkskrant gestuurd: 'De halve waarheden over Moszkowicz in de media.' Ik zou daar een aantal stukken uit willen citeren, omdat hij daarin zo helder uiteen zette hoe feit en fictie in die periode in elkaar overliepen. Aanleiding was onder andere het feit dat de Nederlandse Vereniging van Journalisten, de NVJ, verbolgen was over de uitlatingen die ik tijdens mijn persconferentie had gedaan aangaande de berichtgeving in de media rond Willem Holleeder en mij. Leon schrijft:

'Kennelijk denkt de NVJ dat de media precies, zorgvuldig en integer de geruchtenstroom en de procesgang aan het publiek hebben doorgegeven.

Laten we een kleine steekproef doen.

Gisteren. Dagblad Trouw. Een goede krant. Opent met het bericht: "De dag dat Willem Holleeder zijn advocaat kwijtraakte."

Er zijn tijden geweest dat kranten openden met serieuze, feitelijke berichtgeving, maar dat is niet meer. Dit stuk heet een "analyse". Een dergelijk stuk kenmerkt zich vooral door een vreemde mengeling van opinie, halve waarheden en sterke suggesties. Je ziet ze ook in toenemende mate bij de Volkskrant en NRC Handelsblad. Het is het soort stukjes waarin een journalist zich alles mag permitteren, want het heet een "analyse", en God weet wat dat is.

Dit Trouw-stuk is van Adri Vermaat. Hij schrijft in de derde zin van zijn stuk: "Moszkowicz vluchtte vrijdagavond met hulp van nationaal veiligheidscoördinator Tjibbe Joustra om vooralsnog onduidelijke redenen naar het buitenland." En verderop schrijft Vermaat: "Ernstige doodsbedreigingen zouden Moszkowicz vrijdag hebben genoopt de politie in te schakelen."

Het is duidelijk dat een journalist wel eens een uitglijertje maakt – die maak ik ook. Maar dit is volslagen onzin, pertinent bedrog van de Trouw-lezer. Vermaat wist niet wat er vrijdag speelde, en verzint iets – dat noemen ze bij Trouw een "analyse". Met dat verzinnen laat Vermaat een bepaalde sfeer, een bepaalde stemming van iets duisters en sinisters ontstaan. Vermaat is een liegende journalist. Dat weet ik omdat ik precies weet wat er vrijdag gebeurd is.'

Dat weet u, beste lezer, inmiddels ook. Vandaar dat ik Leons uitleg van wat er die vrijdag gebeurde kan weglaten. Ik wil alleen het volgende stukje nog aanhalen: 'Ik ken honderden van dergelijke voorbeelden. Dit is waar Moszkowicz gek van wordt. Het zijn er zoveel dat hij ze niet meer kan corrigeren. Ze bieden een treurig inzicht in de lasterlijke slordigheid van een deel van de Nederlandse journalistiek.'

Let wel: een deel van de Nederlandse journalistiek. Ik zou hier nog pagina's lang kunnen doorgaan met het citeren en weerleggen van beweringen en 'analyses' die in de pers zijn verschenen, maar dat laat onverlet dat een behoorlijk aantal journalisten zorgvuldig en goed werk levert. Rustig aan dus maar, NVJ. Het gaat mij erom, los van het feit dat ik niet geheel van staal ben, dat het niet meer mag voorkomen dat een samenspel van tendentieuze berichtgeving, die zoals Leon schreef 'een bepaalde stemming van iets duisters en sinisters' doet ontstaan, en de ontvankelijkheid van een rechter voor die duistere stemming, leidt tot de verstoring van wat een heel normale rechtsgang had kunnen zijn.

Ik laat de rol van het OM destijds maar even buiten beschouwing. Hoe wonderlijk de historie van de op het nippertje toegevoegde stukken over mijn privéleven in het dossier van Holleeder ook blijft, hoe wonderlijk ook het besluit van een hoofdofficier om informatie van een half jaar her te gebruiken om mij plots te moeten beschermen, en hoe wonderlijk mooi dat ook paste in het straatje van al degenen die mij graag in duistere en sinistere sferen wilden plaatsen en van Willem Holleeder de grootste topcrimineel aller tijden wilden maken – want zie je wel wat een grote boef die Holleeder is, dat zijn eigen advocaat voor zijn leven moet vrezen, en zoiets had nooit hoeven gebeuren als mr. Moszkowicz van die kringen wat meer afstand had gehouden – en hoe blij men ook was dat ik uiteindelijk de heer Holleeder niet kon verdedigen: ook in deze zou ik wel even kunnen doorgaan, maar ik heb er al zoveel over gezegd, en geïnteresseerden kunnen, nogmaals, de tekst van mijn persconferentie er op naslaan.

Wat ik niet buiten beschouwing kan laten, moge zo langzamerhand evident zijn: dat een rechter, zonder bewijsstukken, voetstoots aannam dat zowel Endstra als Holleeder maffiafiguren waren, en dat ik, als de raadsman die dikke vrienden met hen zou zijn, dus best een maffiamaatje genoemd mocht worden. (In hoger beroep is geoordeeld dat het gebruik van dat woord wél onrechtmatig was, maar hier heb ik het over het moment dat de brandlucht nog zwaar in de lucht hing.) Want we hebben het al uitvoerig besproken: tot het moment dat iemand veroordeeld is, is diegene een verdachte. Ook wanneer die persoon, zoals Willem Holleeder, in het verleden voor een ander feit is veroordeeld en zijn straf heeft uitgezeten. Als we dat uitgangspunt loslaten kunnen we de hele rechtsstaat wel opdoeken. Dan moeten we een bankrover, een ontvoerder of een tasjesdief wanneer die voor het eerst wordt veroordeeld letterlijk levenslang geven. Nooit meer naar buiten. Opgeruimd staat netjes. Soms krijg ik de indruk dat veel mensen dat werkelijk willen, of tijdelijk van die mening zijn, wanneer de een of andere *hype* het land weer eens in zijn greep houdt. Drie dagen lang, vierentwintig uur per dag berichtgeving over de vrijlating van dezelfde Willem Holleeder bijvoorbeeld. De beer is los! 'Hadden ze 'm niet gewoon in zijn kooi kunnen houden?'

Maar dit terzijde. Vervolgens ging het vriezen en draaide de wereld door over de Elfstedentocht, bleek de vermeende dreiging die er van de 'topcrimineel' op vrije voeten uitging zo interessant eigenlijk niet.

Topcrimineel, maffiafiguur. Spannende termen die tot de verbeelding spreken, maar die een rechter (zeker vóór veroordeling) dient te negeren. Wanneer hij of zij dat keurig doet, kan het ook niet zo zijn dat een advocaat die zijn cliënt op straat wel eens de hand heeft geschud ongestraft een maffiamaatje mag worden genoemd.

En waarom haal ik toch deze hele kwestie weer aan, in 2012? Word ik dan nooit milder, ouder, wijzer? Zit ik thans nog de hele dag op oud zeer te kauwen?

Maakt u zich geen zorgen. Veel glijdt tegenwoordig van me af, en ik denk zelfs dat ik me, mocht een soortgelijke situatie zich vandaag opnieuw voordoen, minder persoonlijk gekrenkt zou voelen. Ik zou de dag waarop een cliënt niet de raadsman kan houden die hij wenst, opnieuw een zwarte dag noemen – want het is een zwarte dag voor de rechtsstaat. Maar ik geloof wel dat ik tegenwoordig meer relativeer, en nu meer dan ooit moeite moet doen om allerlei geklets belangrijk te vinden. Niet triviaal.

Nee, het gaat míj hier niet om oud zeer. Maar de kwalificatie die ik, als burger Bram, als rechtszoekende, onder andere om alle bovenstaande redenen op maandag 19 februari 2007, in dat Holiday Inn gaf aan het vonnis van rechter Poelman, zijn veel mensen – lees: magistraten – blijkbaar nog niet vergeten. Ik noemde het vonnis teleologisch – het werkte toe naar een doel – infaam en abject. Dat werd mij meteen al niet in dank afgenomen. Ik, een raadsman nog wel, zou het aanzien van de rechtsstaat schaden. Maar ik was in deze zaak rechtszoe...! Oké, u hoef ik niet meer uit te leggen waarom ik deze kritiek onzinnig vond. Maar er zijn dames en heren die mij die drie woorden nog altijd kwalijk nemen. Laten we zeggen, dames en heren die met het dragen van een toga niet onbekend zijn. Aan sommige van die toga's kleeft nog altijd oud zeer. Of het nu Bram Moszkowicz of mr. Abraham Moszkowicz was die de woorden 'abject' en 'infaam' in de mond nam, de man had zich niet op die manier over een vonnis en over de rechter die dat vonnis uitsprak mogen uitlaten. Punt. Hij had zich gedeisd moeten houden.

Laat ik daar nu net bijzonder slecht in zijn. Als ik me gedeisd had willen houden, had ik me voortaan op echtscheidingen en tasjesdieven moeten toeleggen. Het domste wat ik dan had kunnen doen was de verdediging op me te nemen van ene Geert Wilders.

HOOFDSTUK 6

Het mysterie Vertigo

Vriendenclub Vertigo. Zes, zeven of acht flessen rode wijn. Een papier in een binnenzak. De tafelschikking. Wie wie had uitgenodigd en wanneer.

Het klinkt zo onbenullig allemaal, wanneer ik het zo opschrijf. Misschien dacht u dat ook wel, toen u een fragment zag van mijn verhoor van mr. Tom Schalken, op 13 april 2011, bij De Wereld Draait Door of Pauw en Witteman: wat een gezeur. Heeft die Moszkowicz niks beters te doen? Of is hij nu juist heel bewust de aandacht aan het afleiden van de zaken waar het in het alweer tweede proces Wilders werkelijk over hoort te gaan? Discriminatie, haat zaaien?

En dan de tafelschikking in de rechtszaal: advocaat bestookt een zwetende man van achteren met vragen.

Laat ik dat laatste, hoe triviaal misschien ook, nu even uitleggen: mr. Schalken had de keuze om dan wel mij dan wel de rechtbank aan te kijken, en koos om hem moverende redenen voor dat laatste. Ik had hem graag in de ogen gekeken toen ik al die schijnbaar onbenullige vragen stelde: 'Werd er rode én witte wijn geschonken?'

De voorzitter van de rechtbank, de doorgaans humoristische mr. Marcel van Oosten, die de aimabele en capabele Jan Moors heeft vervangen nadat ik diens rechtbank eerder succesvol had gewraakt, merkte droog op: 'Volgens mij wil meneer Moszkowicz het liefst zelfs de *chateaux* horen.'

Hij had gelijk. Eigenlijk had ik die best willen kennen. Ik wilde van het etentje/diner elk detail weten. En om te begrijpen waarom ik mijn tijd met dat soort onzin verdeed – ik had die dagen ook liever over veel interessantere vraagstukken, vragen rond de vrijheid van meningsuiting van een politicus bijvoorbeeld, gedebatteerd – moeten we wederom terug in de tijd. Wanneer men iets wil weten moet men altijd terug, en nog verder terug, en nog verder, tot men tot de oorsprong komt.

Hier moeten we terug naar de aangifte van discriminatie en aanzetten tot haat, die een aantal mensen in 2007 en 2008 had gedaan naar aanleiding van uitlatingen van Geert Wilders in de media.

Ik heb al verteld dat in Nederland het Openbaar Ministerie bepaalt of de aangifte van een vermeend onrecht dat u is aangedaan tot vervolging van de vermeende dader moet leiden. In de zomer van 2008 besloot het Openbaar Ministerie niet tot vervolging over te gaan. Men oordeelde dat Wilders dingen had gezegd die misschien wel krenkend waren, maar niet strafbaar. Wilders mocht in het maatschappelijk debat, als politicus, dergelijke uitlatingen doen.

Case closed, zou u denken, maar – gelukkig, in principe – krijgt men in dit land altijd een tweede kans. In dit geval de kans de beslissing van de officier van justitie aan te vechten: men kan naar het betreffende gerechtshof stappen en de raadsheren aldaar verzoeken tot een ander oordeel te komen, en de officier van justitie op te dragen alsnog te vervolgen. Dit noemt men een artikel 12 Sv-procedure (wat simpelweg betekent dat artikel 12 van het Wetboek van Strafvordering luidt: *'Wordt een strafbaar feit niet vervolgd, de vervolging niet voortgezet, of vindt de vervolging plaats door het uitvaardigen van een strafbeschikking, dan kan de rechtstreeks belanghebbende daarover schriftelijk beklag doen bij het gerechtshof, binnen het rechtsgebied waarvan de beslissing tot niet vervolging of niet verdere vervolging is genomen, dan wel de strafbeschikking is uitgevaardigd.'* Etc.).

Kortom, het gerechtshof buigt zich over de zaak en zegt 'Nee, het spijt ons, ook wij zien geen enkele reden tot strafvervolging', of 'Ja, u hebt gelijk, er is voldoende aanleiding om de zaak voor de rechter te brengen, er is een redelijk vermoeden van een strafbaar feit.'

Goed, men zegt dat dan in zo'n beschikking met iets meer woorden. Maar in de meeste beschikkingen van een gerechtshof wordt in feite niet veel meer beweerd.

In de zaak Wilders echter was het Amsterdamse gerechtshof opmerkelijk lang van stof. De hele beschikking hier doornemen zou tot gegaap en prikkende ogen leiden, maar neemt u even een kop koffie of thee – of een goed rode glas wijn voor mijn part, om in het proza dat nu volgt wat kleur te brengen – en leest u een paar alinea's met me mee. We beperken ons tot de inhoudsindicatie die het gerechtshof Amsterdam zelf heeft gegeven.

'Op 21 januari 2009 heeft het gerechtshof te Amsterdam de strafvervolging bevolen van de parlementariër Geert Wilders wegens het aanzetten tot haat en discriminatie op grond van door hem gedane uitlatingen in diverse media over moslims en hun geloof. Tevens acht het hof strafvervolging aangewezen ter zake van belediging van de moslimgelovigen wegens de door Wilders gemaakte vergelijkingen van de islam met het nazisme.

Het hof deed zijn uitspraak naar aanleiding van een aantal klachten over niet-vervolging van Wilders terzake van diens uitlatingen in diverse media over moslims en hun geloof. De klagers konden zich niet vinden in de beslissing van het Openbaar Ministerie om geen gevolg te geven aan hun aangifte tegen Wilders.

Het Openbaar Ministerie heeft zich onder meer op het standpunt gesteld, dat een deel van de uitingen van Wilders geen betrekking heeft op een groep gelovigen, maar kritiek betreft op het moslimgeloof, waardoor de eigenwaarde van die groep gelovigen niet wordt aangetast en die groep evenmin in diskrediet wordt gebracht. Sommige uitlatingen van Wilders kunnen wel als krenkend worden aangemerkt, maar omdat zij (buiten de Tweede Kamer) zijn gedaan als bijdrage aan een maatschappelijk debat valt de strafbaarheid van die uitingen weg, aldus het Openbaar Ministerie.

Het hof is het met dit standpunt van het Openbaar Ministerie en de daaraan ten grondslag liggende overwegingen niet eens.

Het hof heeft daarbij overwogen dat de gewraakte meningsuitingen van Wilders (ook zoals in beeld gebracht in zijn film Fitna) in onderlinge samenhang bezien naar Nederlands recht strafbaar zijn, zowel door hun inhoud als door de wijze van presenteren. Deze wijze van presenteren kenmerkt zich door eenzijdige, sterk generaliserende formuleringen met een radicale strekking, niet aflatende herhaling en een toenemende felheid, waardoor er van haat zaaien sprake is. De meeste uitlatingen zijn in de opvatting van het hof tevens beledigend, nu zij de moslimgelovigen wezenlijk in hun religieuze waardigheid aantasten. In de opvatting van het hof heeft Wilders ook door de symbolen van het moslimgeloof aan te tasten wel degelijk de moslimgelovigen zelf beledigd.

In de tweede plaats heeft het hof de vraag beantwoord of een eventuele strafvervolging c.q. veroordeling toelaatbaar zou zijn volgens de normen van het Europees Verdrag voor de Rechten van de Mens en de daarop gebaseerde rechtspraak van het Europese Hof, dat de vrijheid van meningsuiting hoog in het vaandel heeft. Het hof is tot de conclusie gekomen dat een in te stellen strafvervolging maar ook een eventuele latere veroordeling, mits proportioneel, niet in strijd hoeft te komen met Wilders vrijheid van meningsuiting, nu haat zaaiende en kwetsende uitlatingen van politici, gelet op hun bijzondere verantwoordelijkheid, ook volgens Europese normen niet door de beugel kunnen.

In de derde plaats heeft het hof de vraag beantwoord of strafvervolging van Wilders vanwege zijn uitlatingen in de Nederlandse situatie wenselijk zou zijn (de opportuniteitsvraag). Volgens het hof is het haat zaaien in een democratische rechtsorde dermate ernstig dat een algemeen belang aanwezig is om in het maatschappelijk debat een duidelijke grens te trekken.

Ten aanzien van groepsbelediging maakt het hof een onderscheid. In het algemeen stelt het hof vast dat de traditie binnen de Nederlandse debatcultuur is gebaseerd op een grote mate van tolerantie ten opzichte van elkaars opvattingen, terwijl van moslimmigranten begrip mag worden verwacht voor de in Nederland heersende sentimenten ten aanzien van hun geloof, dat op enkele onderdelen op gespannen voet staat met Nederlandse en Europese waarden en normen. Als het om beledigende uitingen gaat geeft het hof de voorkeur aan politieke, maatschappelijke en andere juridische tegenkrachten dan het strafrecht, waardoor een actieve participatie aan het maatschappelijk debat, ook door moslims, wordt bevorderd.

Het hof maakt echter een uitzondering voor beledigende uitlatingen waarin een relatie met het nazisme wordt gelegd (door onder meer de Koran met Mein Kampf te vergelijken). Dit vindt het hof dermate beledigend voor de bevolkingsgroep van moslimgelovigen dat een algemeen belang aanwezig wordt geacht om Wilders daarvoor te vervolgen.

Het hof komt tot de conclusie dat de wijze waarop het maatschappelijk debat verloopt over controversiële kwesties, zoals de immigratie- en integratiepolitiek, weliswaar in principe niet tot het terrein van het recht behoort, maar dat dit anders wordt als fundamentele grenzen worden overschreden. Dan komt ook het strafrecht in beeld.

Overigens benadrukt het hof dat zijn oordeel in die zin een voorlopig karakter draagt, dat Wilders in deze beklagprocedure niet is veroordeeld. Het hof heeft uitsluitend beoordeeld of voldoende aanwijzingen – op het niveau van een redelijke verdenking – aanwezig zijn om een strafvervolging tegen Wilders in gang te zetten. Het is uiteindelijk aan de later oordelende strafrechter om in een openbaar strafproces de vraag te beantwoorden of er ruimte is voor een veroordeling en, zo ja, in welke mate.'

Bent u er nog? Wat vindt u, is de strekking van dit stuk tekst dat er een redelijk vermoeden van een strafbaar feit bestaat? Of gaat men misschien een heel klein beetje verder? Let u om te beginnen op de laatste alinea. Nog nooit had ik een beschikking onder ogen gekregen waarin expliciet werd benadrukt dat het hof heus niet de intentie had degene waartegen aangifte was gedaan alvast te veroordelen. U zou toch ook denken, nietwaar, dat zulks niet hoeft te worden uitgelegd, omdat als Wilders in deze beklagprocedure wel al zou zijn veroordeeld, dat een grove inbreuk op de onschuldpresumptie zou zijn: er kan pas van schuld worden gesproken wanneer iemand in rechte is veroordeeld. *Innocent until proven guilty*, een heilig beginsel, vastgelegd in het Europese Verdrag voor de Rechten van de Mens. Maar blijkbaar wilde men dit toch even onderstrepen. In mijn pleidooi legde ik een en ander iets rustiger uit: 'Ik zie niet in waarom je aan dit punt in de inhoudsindicatie aandacht besteedt, of het zelfs nog zou willen benadrukken, indien je niet zelf van oordeel bent die indruk te hebben gewekt. Het is een unicum in een beschikking, het is een unicum in een van een beschikking opgemaakte inhoudsindicatie, dat daarin expliciet wordt aangegeven dat de beschikking geen veroordeling inhoudt. Dat zou immers inherent moeten zijn aan een dergelijke beschikking.'

En de rest van de tekst? Daarin vindt u voldoende passages waarin het hof de indruk wekt van een vader die zijn zoontje over zijn knie heeft gelegd, en de eerste ferme tikken al uitdeelt terwijl hij roept: 'Bewijs jij maar eens dat jij níét met je vingers in de koektrommel hebt gezeten!'

Het maakt eigenlijk weinig uit welke alinea ik neem, laat ik maar wat grabbelen, en, hé, zie daar: 'Het hof heeft daarbij overwogen dat de gewraakte meningsuitingen van Wilders (ook zoals in beeld gebracht in zijn film *Fitna*) in onderlinge samenhang bezien naar Nederlands recht strafbaar zijn, zowel door hun inhoud als door de wijze van presenteren. Deze wijze van presenteren kenmerkt zich door eenzijdige, sterk generaliserende formuleringen met een radicale strekking, niet aflatende herhaling en een toenemende felheid, *waardoor er van haat zaaien sprake is* [cursief door ondergetekende].'

Goh, en nu dacht ik toch dat er in deze beklagprocedure niemand werd veroordeeld. Het hof zegt niet '*het zou kunnen*', of '*het lijkt erop dat*', of '*daaruit zou de conclusie kunnen worden getrokken dat*', of '*wij zien voldoende aanwijzingen*' of iets van dien aard. Dan zou ik mijn mond moeten houden. Het hof zegt *dat het zo is*.

Op het gevaar af rode rozen rood te schilderen, geef ik nog één voorbeeld uit de beschikking, die mijns inziens aangaf dat mijn cliënt en ik hier niet met een onbevooroordeeld hof te maken hadden. Onder punt 12.1.3. (geïnteresseerden kunnen de hele beschikking op internet vinden), besprak het hof de vraag of Wilders moest worden veroordeeld wegens groepsbelediging. Het hof meende dat een aantal uitspraken 'buitengewoon' kwetsend was. Deze uitspraken droegen, aldus het hof, 'zonder meer' een beledigend karakter. Ik sprak tot de voorzitter van de rechtbank: 'De vraag of de in de tenlastelegging opgenomen uitspraken een beledigend karakter kennen, hoeft door uw rechtbank kennelijk niet meer te worden beantwoord. Het Hof heeft zulks al voor u beslist. En het antwoord luidt '*zonder meer.*'

Tot zover de beschikking zelf. Een prachtstuk voor rechtenstudenten. Anderen zou een voortzetting van dit college misschien op de zenuwen gaan werken. Het punt lijkt me duidelijk: daar waar het OM al onmiddellijk vond dat er geen zaak was, besloot het gerechtshof er toch een van te maken – en nam het ook alvast een fiks voorschot op de uitkomst van het proces. Hoe kan zoiets bestaan?

Voor hen die het nog niet wisten of konden raden: een van de raadsheren die deze beschikking, dit doorwrochte epistel het licht hadden doen zien was de heer Schalken. Dezelfde meneer die onder de tafel wilde verdwijnen toen ik hem ondervroeg over zijn voorkeur wat alcoholische dranken betreft. En hoewel het mijn intentie niet is de persoon Schalken in dit boek nog een schop na te geven, moet ik aan de rechtswetenschapper en raadsheer Schalken toch nog enige aandacht besteden, eenvoudigweg omdat hij in het proces Wilders zo'n unieke, kleurrijke rol heeft gespeeld.

De raadsheer schrijft mede aan een beschikking. Prima. Geen beschikking waar mijn cliënt erg blij mee kon zijn, maar voor een advocaat *gefundenes Fressen*, dat heerlijk uit te benen viel en in kleine, onsmakelijke stukjes gesneden werd geserveerd. Ik geef toe, dit zal wel weer beroepsdeformatie zijn. Een geschrift ook, dat koren op de molen is van een strafpleiter die een niet-ontvankelijkheidsverweer wil voeren (u begrijpt het al: een verweer dat uitgaat van de veronderstelling dat het OM alsnog niet ontvankelijk is, dat het proces in geen geval doorgang had moeten vinden).

Laat dat zo zijn. Maar als dat alles was geweest, was mr. Schalken enkel de geschiedenis ingegaan als een van de scribenten van een onverbiddelijke beschikking in hermetisch proza. Uiteindelijk maakte hij zichzelf onsterfelijk door tijdens een etentje/diner met althans een deel van die beschikking in zijn zak in discussie te treden met een getuige-deskundige in het proces dat hij zelf doorgang had doen vinden: de arabist Hans Jansen.

'Ja, maar *anderhalf jaar* na het schrijven van de beschikking!' zei hij, en riepen de zijnen.

'Dat mag zo zijn, maar dit alles vond plaats terwijl het proces Wilders *nog in volle gang was*', zei ik.

De man die allang had besloten dat Wilders schuldig was aan onder meer haat zaaien en discriminatie, verscheen op een besloten diner waar ook Jansen was aangeschoven – zonder dat de laatste van tevoren over de aanwezigheid van Schalken was ingelicht.

Er verscheen een artikel over in De Pers, en een stuk op de weblog van de heer Jansen. Ik wist nog van niks, ik nam er pas door die artikelen kennis van. En toen ik meende de heer Schalken en de heer Jansen hier een aantal – nu goed, een waslijst aan – vragen over te moeten stellen, gaf de rechtbank niet thuis.

Opnieuw besloot ik de rechtbank, de rechtbank die nog onder leiding stond van mr. Moors, te wraken. En ditmaal gaf de wrakingskamer me gelijk. Er was voldoende geschied om bij de rechters een schijn van partijdigheid te kunnen veronderstellen. Niet alleen de laatste perikelen rond de vriendenclub Vertigo waren voor de wrakingskamer aanleiding om tot dit besluit te komen, ook eerdere slordig de zaal in geslingerde woorden van Moors speelden mee. Maar het feit dat de rechtbank niet onmiddellijk de hoofdrolspelers in *Het Mysterie Vertigo* als getuigen wilde oproepen gaf de doorslag.

En zo kwam het dat ik een tijd later alsnog Schalken, Jansen, en een derde aanwezige bij het diner, de Midden-Oosten-deskundige Bertus Hendriks (die door de nieuwe rechtbank was uitgenodigd) mocht bevragen over tafel-schikkingen en beschikkingen en wijn – maar niet nadat in de pers, met permissie, de pleuris was uitgebroken.

Zoals gezegd was de kritiek na het eerste wrakingsver-zoek al niet mals. Op zichzelf is met felle kritiek niets mis, ik zal de laatste zijn om te ontkennen dat ook ik die regel-matig uitdeel. Een prettige bijkomstigheid van kritiek is te-vens dat die het onderwerp daarvan aanleiding geeft uitleg over zijn of haar handelen te verschaffen.

Ik heb al eerder aangegeven dat ik de suggestie dat ik hei-bel wilde maken, of dat ik dit proces met een politiek tintje wilde omtoveren in een politiek proces, verre van mij werp. Ik heb ook uitgelegd waarom: wraking is een juridisch mid-del om de partijdigheid van de rechtbank te toetsen, en een eventuele schijn van partijdigheid weg te nemen. Daarmee is het een middel dat het vertrouwen van de burger in de rechtsstaat dient. Is er niks aan de hand? Dan gaan we ver-der. Is er wel iets mis? Dan beginnen we opnieuw. Is het niet prettig te weten dat u in een rechtsstaat leeft die dat toelaat, die die ruimte biedt?

Sommigen dachten daar blijkbaar anders over, of had-den er moeite mee zaken die verschillend waren geschei-den te houden. Uitspraken die mijn cliënt buiten de rechtszaal deed, werden, hoplakee, op mijn bordje geschoven. En wanneer ik aangaf (of aangeef) dat onjuist te vinden, was (ben) ik een huichelaar. Wanneer dringt het nou eens tot die voor- en zelfingenomen lieden door dat ik als advocaat het soort vragen dat ik stelde van de wet móét stellen? Of moeten we ervan uitgaan dat de opstellers van wetsartikelen de woorden die ons op enig moment niet bevallen in een moment van vermoeidheid of onverschilligheid maar eventjes hebben neergepend?

'Geert Wilders en zijn advocaat Bram Moszkowicz demoniseren de rechtsstaat', schreef een filosofaster in NRC Handelsblad. Wat een heerlijk vaag woord toch, dat 'demoniseren', daar kun je werkelijk alle kanten mee op. De strekking van het stuk, waarin de schrijver *en passant* de prachtige dierenverhalen van Toon Tellegen misbruikte, was dat mijn cliënt en ik de bijl zetten in de wortels van de rechtsstaat. Mijn cliënt én ik, want: 'Hij verstopt zich in de televisiestudio's achter keurige woorden; "Ik laat alles wat meneer Wilders zegt voor zijn rekening", en de rechters "zijn niet partijdig", het gaat om de "schijn van partijdigheid".'

En zo is het nu net, dat heb ik hier al uitgebreid betoogd. Vervolgens beweert deze Coen S. dat ik niet had mogen zeggen dat ik me kon voorstellen dat mijn cliënt dacht dat de rechters partijdig waren, maar, beste Coen, kun jij je niet voorstellen dat mijn cliënt dat dacht? Na alles wat er gebeurd was? Aan welk geslachtsdeel je zijn naam in gedachten ook verbindt? Ik heb inderdaad gezegd dat ik me *kon voorstellen* dat *hij* er zulk een opinie op nahield. Wat niet verward mag worden met een uitspraak als: 'Mijn cliënt heeft volkomen gelijk, de rechters zijn partijdig.'

Ja, daar ga ik weer. Muggenzifterij natuurlijk. U zou eigenlijk zo graag gewoon van mij horen of ik Wilders, of liever nog, zijn ideeën, een warm hart toedraag. En dan kan ik weer niet anders dan antwoorden: 'Ik laat alles wat meneer Wilders zegt voor zijn rekening.'

Niet omdat ik bang ben, of huichelachtig, of wat dies meer zij, maar omdat ik strafpleiter ben, geen politicus, noch een filosofaster of opiniemaker die alles kan zeggen wat hem of haar goeddunkt. Voor mij, ik herhaal, tellen woorden in hun relatie tot mijn vak. Althans, in het openbaar en op de werkvloer. Mijn vriendin en mijn kinderen krijgen heus wel eens iets anders te horen. Misschien schrijf ik dat ooit nog eens op, in een schommelstoel, als ik tachtig ben, maar niet nu. En als dat nu kil en koud klinkt, dan is dat niet anders. Als het kil en koud klinkt wanneer ik opnieuw beweer dat ik voor die drie wrakingsverzoeken in het proces Wilders i en ii geen andere motieven had dan juridische, dan kan ik daar op dit moment helaas weinig aan veranderen.

'De verdediging heeft de permanente taak ervoor te zorgen dat elke strafzaak blijft schuren langs de rechterlijke ziel. Het recht is nu eenmaal geen rustig bezit en mag dat ook niet worden. Een rechtsorde die niet regelmatig geschokt wordt, verwordt tot een steriel en inhumaan systeem.'

Is getekend, mr. Tom Schalken. Zo sprak hij in mei 2007 nog, in het Advocatenblad. Een paar jaar later noemde hij me het schoothondje van Wilders. Het kan verkeren. Misschien was het probleem dat deze verdediger, advocaat, tegen de verkeerde rechterlijke ziel schuurde – de zijne. Om van mijn geschuur een indruk te geven:

Mr. Abraham Moszkowicz: 'Had u ook een exemplaar van de beschikking bij u tijdens het diner?'

Mr. Tom Schalken: 'Nee.'

Mr. Abraham Moszkowicz: 'Ook niet gedeeltelijk?'

Mr. Tom Schalken: 'Ehm, nee, denk ik?'

Mr. Abraham Moszkowicz: 'Had u niet tijdens het diner iets uit uw binnenzak gehaald?'

Mr. Tom Schalken: Ehm, nee, nou, weet ik niet.'

Mr. Abraham Moszkowicz: 'Had u niet delen van de beschikking voorgelezen?'

Mr. Tom Schalken: 'O ja, nou, ja wel.'

Mr. Abraham Moszkowicz: 'Hoe?'

Mr. Tom Schalken: 'Ik had het bij me?'

Mr. Abraham Moszkowicz: 'Wat had u bij u?'

Mr. Tom Schalken: 'Delen van de beschikking?'

Ja, delen van de beschikking. Het hoge woord was eruit. Dit wilde ik, over dat katheder gebogen – 'Als een aap', zeiden mijn kinderen, de schatten – de raadsheer horen zeggen. Met die bekentenis was voldoende vastgesteld dat de schrijver van de beschikking niet slechts bij Jansen was aangeschoven om de wijnoogst te bespreken. Schalken had Jansen, de arabist die als getuige was opgeroepen om over allerlei ingewikkelde discussies aangaande koranverzen en interpretaties daarvan zijn licht te laten schijnen, geprobeerd te beïnvloeden, had geprobeerd hem op gedachten te brengen die strookten met de strekking van zijn beschikking. Dat was en is althans mijn conclusie – honderd procent bewijzen kan niemand het. Maar zelfs als het een procent anders lag, blijft dan niet overeind dat deze raadsheer in een zo precair proces een getuige nooit onder het genot van een hapje en een drankje uit zijn lievelingstekst had mogen voorlezen? Is het ook dan niet heel dom om daarmee de schijn... U snapt wat ik bedoel.

Ik denk dat iedereen het wel snapte. Ik vermoed dat iedereen die het proces voldoende had gevolgd, vooral juristen, wel begreep waarom ik me in deze kwestie, in die schijnbaar onbenullige vragen, in die rug vastbeet. Ongeacht wat men van Wilders en zijn proces vond, had men mij, als ik dit hele culinaire verhaal had laten gaan, een onbenul gevonden. En terecht. Slechts uilskuikens van advocaten laten dat soort dingen liggen. Maar dat nam niet weg dat ook met dit verhoor de hoon niet van de lucht was. Ook juristen meenden zich uit te moeten laten over mijn gebrek aan respect voor een rechtsgeleerde, een raadsheer. Ik kan alleen maar aannemen dat zij diens tekst in het Advocatenblad van enige jaren daarvoor nooit hebben gelezen, of niet begrijpen. Hij had het zo mooi verwoord: 'Een rechtsorde die niet regelmatig geschokt wordt, verwordt tot een steriel en inhumaan systeem.'

En hier raken we aan een taboe, in een land dat nauwelijks nog taboes kent: ook magistraten hebben soms lange tenen. Wat men met de mond belijdt is soms iets anders dan wat men met het hart gelooft. Wanneer men publiek verkondigt dat goede advocaten waakhonden van de rechtsstaat zijn, wil dat niet zeggen dat men hen ook graag hoort blaffen.

Op 23 juni 2011 werd in het proces Wilders uitspraak gedaan. Zitbankgeleerden van allerlei kunne wisten al hoe het vonnis zou luiden: vrijspraak op alle punten. Ik werd die ochtend als op elke zittingsdag opgehaald door parketwachten – heren die ook de leden van het OM en de rechters escorteerden, die minder over onze veiligheid dan over onze punctualiteit moesten waken – en een van hen vroeg me: 'En, meneer Moszkowicz, wat wordt het?'

Ik moest hem eerlijk bekennen dat ik het niet wist. Het OM had dan wel in een buitengewoon intelligent requisitoir al aangegeven mijn cliënt onschuldig te achten, en ik had me de blaren op mijn tong gepleit, maar het was niet uitgesloten dat de rechtbank op een van de punten van de tenlastelegging een veroordeling zou uitspreken – al was het maar om zich te laten gelden. Het was tenslotte haar *finest hour*.

In de catacomben van de rechtbank hadden Wilders en ik elkaar niets te zeggen; een knik volstond. Voorspellingen waren zinloos. Boven was de zaal bomvol. De rechtbank trad aan. Koninklijk, mag ik wel zeggen. Mij iets te koninklijk. De voorzitter nam de tijd, nam kalm en gedragen de punten door. Punt een: vrijspraak. Punt twee: vrijspraak. Punt drie... Ik kan me niet meer precies herinneren of het nu punt drie, vier of vijf was, maar op enig moment zei hij: 'Dit punt slaan we even over. Hier komen we nog op terug.'

Hier wil de vermeende *showman* Moszkowicz de voorzitter van de rechtbank Marcel van Oosten best even feliciteren met zijn *showmanship*. Het was als een finale van *The Voice of Holland*: 'De stemmen zijn binnen. Maar eerst gaan we er even uit voor een reclame.'

Toen eindelijk kon worden geconcludeerd dat het vonnis dan toch vrijspraak op alle punten inhield, brak op de publieke tribune applaus los. Een proces dat vrijwel niemand had gewild, zelfs het Openbaar Ministerie niet, was eindelijk ten einde. De discussie over de islam was weer terug waar zij thuishoorde: in het publieke debat. Mijn cliënt en ik gingen over tot de orde van de dag.

HOOFDSTUK 7

Song of the birds

Terwijl ik vanavond schrijf, luister ik naar een late opname van Pablo Casals die de eerste cellosuite van Bach speelt. Ik hoor niet alleen de tonen, de frases, die het ene moment golven die op het strand kabbelen ergens aan de Middellandse Zee oproepen en het volgende een beukende golfslag tegen de pier van Scheveningen, maar ik hoor ook het lange leven, de geschiedenis van de musicus. Ik herken in het spel van zijn fragiele vingers de trotse Catalaan die in 1971 de Verenigde Naties toesprak: 'Ooit was Catalonië geen provincie van Spanje, maar een grootse natie, het geweldigste land ter wereld.'

Ik hoor heimwee naar een wereld die niet meer bestaat, en terwijl ik luister zie ik mijn vader in de Pelikaanstraat in Antwerpen lopen, de geuren opsnuivend van zijn vroege jeugd. Bij de orthodoxe slager, toevalligerwijs Moszkowicz genaamd, proefde hij gerechten die zijn moeder nog had gemaakt. Daar kon hij in het Jiddisch zijn bestellingen doen. Hij was voor heel even terug in een wereld die volkomen veilig was, want gekend, waarin klanken en gebaren verwezen naar een geschiedenis waarvan hij, of hij wilde of niet, deel uitmaakte. De geschiedenis van de slager Moszkowicz was die van de advocaat Moszkowicz, hoe verschillend hun levensverhalen ook mochten zijn, hoe verschillend die twee de voortdurend veranderende, moderne wereld ook beleefden.

De slager, al was hij nog zo orthodox, kon net als de vrouw die de frituur uitbaatte in een Vlaamse volkswijk niet ontsnappen aan veranderingen, aan wijzigingen in de warenwet, aan de wisselende prioriteiten van de inspectie. Mijn vader kon, op de terugweg naar Maastricht, weer de nodige verse wetten en wetswijzigingen tegemoet zien.

Een moment waarop je beseft met een ander een geschiedenis te delen, een moment van herkenning, is als een rust in een stormachtige cellosuite. Heel even denk je te weten waar je bent, maar plots begint de wereld weer te woelen en moet je meebewegen, moet je verder.

Wanneer ik thuis naar Casals luister, denk ik heel even nergens meer heen te hoeven. Maar dan is de cd afgelopen, is het algauw ochtend en dienen nieuwe cliënten en nieuwe zaken zich aan, alsmede wetswijzigingen en nieuwe wetten.

Mijn oude professor Rüter leerde me al dat het recht nooit stilstaat. Het deint mee op de golven van de publieke opinie, van meer rechten voor de verdachte naar minder, van minder opsporingsbevoegdheden naar meer, van kortere straffen naar nooit meer naar buiten. En in zekere mate hoort dat natuurlijk ook zo te zijn: het recht moet steeds opnieuw door ons worden uitgevonden, net zoals wij onszelf in deze snel veranderende wereld steeds opnieuw moeten uitvinden. Maar wanneer we voortdurend veranderen zonder onszelf te herinneren aan onze geschiedenis, onze wortels, lopen we het risico verknipt te raken – ligt een psychose welhaast op de loer. Het maakt dan niet meer uit met welk doel we veranderen, áls we maar veranderen.

Laat ik hier een wat gratuite, doch zinnige vergelijking maken: een eeuwenoud Paleis van Justitie zal zo nu en dan gerenoveerd moeten worden, maar als de basisstructuur van het bouwwerk in orde is, zou het stupide zijn in de fundamenten te gaan boren. Zit er een scheur in een steunmuur, dicht dan de scheur. Sloop niet de hele muur.

Soms lijkt het alsof leken én juristen in hun enthousiasme om de boel te verbouwen het liefst de sloophamer gebruiken.

Een voorbeeld. Ik ben al jaren een groot voorstander van meer spreekrecht voor slachtoffers. Het deed me dan ook plezier om te lezen dat Fred Teeven een wetsvoorstel heeft ingediend dat onder andere behelst dat op een zitting in het vervolg meer dan één nabestaande van een slachtoffer mag spreken, dat wettelijke vertegenwoordigers van minderjarige slachtoffers ook spreekrecht krijgen, en dat slachtoffers en nabestaanden op een vaste plek in de rechtszaal kunnen rekenen.

Slachtoffers moeten worden gehoord en serieus worden genomen. Het is voor hen belangrijk hun kant van de zaak te belichten, emoties te uiten, en daarnaast kan de rechter wellicht iets met het gehoorde. Mijn taak als advocaat zal er door deze uitbreiding van het spreekrecht niet altijd eenvoudiger op worden, maar dat zij dan zo. Ik vind het een prima ontwikkeling.

Het is echter jammer dat dit voor sommigen niet ver genoeg gaat; ik lees in de Volkskrant dat een confrère oppert het slachtoffer ter zitting te vragen welke straf hij of zij gepast vindt. Dan komen we plots weer heel dicht bij de idee van de jungle waarin achter elke boom een wraakzuchtige burger staat.

'Wat denkt u dat de man die u dit heeft aangedaan verdient?'

'Spietsen!'

'Dank u, we zullen de mogelijkheden onderzoeken.'

Te gek voor woorden uiteraard, zo'n voorstel, en gelukkig – denk ik, terwijl ik verder lees – is het CDA-kamerlid Madeleine van Toorenburg dat geheel met mij eens... Of... Nee, helaas, toch niet. Mevrouw heeft een nog beter plan: een 'tweefasenstructuur' waarin eerst wordt bepaald of een verdachte daadwerkelijk dader is. Daarna hoeft een slachtoffer geen getuige meer te zijn, en kan die dus volwaardig meepraten in het proces, dat is het idee. Van Toorenburg wil topman Bolhaar van het Openbaar Ministerie en Van den Emster (voorzitter van de Raad voor de Rechtspraak, BM) bijeenbrengen 'om te kijken of we deze optie kunnen realiseren.' Daar voegt ze aan toe: 'Ik weet dat staatssecretaris Teeven er ook voorstander van is.'

In principe ben ik erg voor het bijeenbrengen van mensen, en van tweefasestructuren krijg ik, als ieder ander, nooit genoeg. Als het waar is dat hierover serieus wordt nagedacht – ik moet natuurlijk niet alles geloven wat ik lees – mag ik dan ook mijn steentje bijdragen en voorstellen per direct op juryrechtspraak over te gaan? Dan kan iedereen volop zijn emoties de vrije loop laten, en krijgt de rechter meer tijd om te golfen.

Ik geloof er uiteraard niks van dat Van den Emster en Bolhaar dit geklets serieus nemen. Misschien horen we van deze plannen nooit meer iets en maak ik me druk om niks, maar het raakt wel aan een veelgehoorde klacht over de Nederlandse rechtsstaat, namelijk dat het ons in de rechtspraak ontbreekt aan een vorm van burgerparticipatie. Waarom zou alleen een beroepsrechter mogen oordelen over goed en kwaad? De man in de straat weet toch ook best wat mag en niet mag, kan toch ook prima beoordelen wie schuldig is en wie niet?

Ik zal u niet opnieuw vervelen met de metafoor van de jungle, ik wil u een ander beeld schetsen.

Stel, de juryrechtspraak is ingevoerd. We bevinden ons in een rechtszaal. U bent een man van zestig, en u zit niet in de jury, nee, u wordt verdacht van een zedenmisdrijf. U zou uw dertienjarige buurmeisje hebben aangerand. Een braaf kind, doet goed haar best op school en is een plaatje om te zien. Helaas bent u niet moeders mooiste, en heeft een leven lang Zware Van Nelle roken zijn sporen nagelaten: u valt om de tien minuten ten prooi aan een gierende hoestbui. De jury kijkt toe. Tot overmaat van ramp verdient u niet voldoende om een behoorlijke advocaat te kunnen betalen. U kwam in aanmerking voor gesubsidieerde rechtsbijstand, een 'toevoeging', en de raadsman die u is toegewezen heeft gisternacht zijn eerste overwinning in zes jaar gevierd. Hij bidt dat de rechtszaal op moge houden met draaien.

Dan de officier van justitie, zij heeft vanochtend na het zwemmen voor één keertje genoegen genomen met maar zes rondjes door het Vondelpark, en heeft voor vandaag haar nieuwste mantelpak aangetrokken – hierbij zij even aangenomen dat met de komst van de juryrechtspraak de toga's, net als in de Verenigde Staten, zullen verdwijnen.

En nu wil het toeval – of God, of willen uw genen – dat

u al decennia verliefd bent op één en dezelfde man. Van meisjes hebt u nooit gehouden, laat staan van kleine meisjes. Denkt u dat u in deze situatie desondanks een goede kans maakt op vrijspraak?

Nu kán mij, eventueel, worden aangerekend dat ik hier wat chargeer. Goed dan. Ik beken. Maar vergeet de tabak, de hoestbuien, de kater van de advocaat, laat de officier van justitie een man van middelbare leeftijd met een bierbuik zijn, en stel u dan dezelfde vraag. Bedenk ook dat schrijver dezes puur vakmatig wel degelijk voordelen in de juryrechtspraak ziet; een goede advocaat kan bijvoorbeeld in de Verenigde Staten wonderen verrichten. Denk aan de raadsman van O.J. Simpson. Voor mij als strafpleiter zou mijn taak er een stuk eenvoudiger op worden. Met de juiste mimiek en het juiste kapsel zou men al een heel eind komen. Als men dan ook de wet en het dossier kent, en om elk woord drie strikken weet te binden, is *the sky the limit*.

En toch zie ik deze vorm van rechtspraak niet zitten, vind ik hem zelfs gevaarlijk. Ik heb eerder verteld dat ik als jongen al kon genieten van de elegante strijd die ik mijn vader in de rechtszaal zag voeren, van het theater – maar dat was het theater van een intelligent debat, van mensen die, zich baserend op feiten, met hun woorden wilden overtuigen. Operette boeit mij niet. Melodrama is op zichzelf al moeilijk te verteren, melodrama in de rechtszaal helemaal. En vergist u zich niet: het zou voor de jury wel degelijk verschil maken welke kleding de officier van justitie draagt. Het zou wel degelijk verschil maken, naar gelang de aard van het feit, de afkomst en presentatie van het slachtoffer

PVV-leider Geert Wilders en ik verlaten de rechtbank in Amsterdam.
(Foto 12 januari 2010: © ANP)

2 februari 2010: Persvoorlichting na de uitspraak.
(Foto 2 februari 2010: © ANP)

Met zoon Nathan in de P.C. Hooftstraat, Amsterdam.
(Foto februari 2010: © Peter Smulders)

Samen in de Cornelis Schuytstraat, Amsterdam.
(Foto april 2010: © Peter Smulders)

U bent *GEARRESTEERD* wegens verdacht gedrag, tegenwerking van de politie...

...en het *ERGSTE*: achterhouding van bewijsmateriaal voor uw *MISDADEN!*

Nee! Ik smeek u! Ik beken alles wat u wilt, maar maak mijn dagboek alstublieft niet openbaar!

Alles, zegt u?

U staat er slecht voor! Alleen 'n *GOEDE ADVOCAAT* kan u misschien redden!

Nee... *ZUCHT!* Zelfs bij die goede advocaat heb ik het verbruid...

Pardon!

Mag ik er even langs?

Pardon!

Juffrouw Katrien, ik heb een onderzoek laten instellen en ik ben tot de conclusie gekomen dat alle beschuldigingen tegen uw persoon berusten op *PURE RODDELS!*

BONK!

En zo werd ik van alle blaam gezuiverd. Maar daarmee kwam nog geen einde aan het geroddel...

Dus ze viste alleen haar brief uit die vuilnisbak!

Haar sollicitatiebrief aan advocaat Muiskowitz!

Wat die Muiskowitz betreft...

Die dook wel *PRECIES* op tijd op, hè?

Het leek wel afgesproken werk!

Volgens mij...

Ik zal het uitleggen, meisjes! Jullie weten toch dat Agaath een nieuwe vriend heeft? Nou, die heeft...

Agaath verkering? Ga weg!

Sst! Vertel verder!

Ja, lief Dagboek, de enige manier om ervoor te zorgen dat ze niet over MIJ roddelen, is over een ANDER roddelen!

uit

9

(© foto Stephan
Vanfleteren,
december 2010)

Geert Wilders voor de rechters van de rechtbank in Amsterdam.
(Foto 5 oktober 2010: © ANP)

Geert Wilders en ik
in aanvang van een
nieuwe procesdag in de
Amsterdamse rechtbank.
(Foto 17 oktober 2010:
© ANP)

Samen met zoon Nathan op de uitreiking van de Marie Claire Prix
de la Mode 2010 Awards in het Concertgebouw in Amsterdam.
(Foto 10 november 2010: © ANP)

Nathan, Eva en ik bij de
opening van het DeLaMar
Theater bij de première
van La Cage Aux Folles.
(Foto 28 oktober 2010:
© Peter Smulders)

Te gast bij het NTR-
programma College
Tour van Twan Huys.
(Foto 8 februari 2011:
© ANP)

Tijdens de hervatting van de strafzaak tegen Geert Wilders in de Amsterdamse rechtbank. De rechtbank hoorde drie getuigen: arabist Hans Jansen, raadsheer Tom Schalken van het gerechtshof Amsterdam en Midden-Oostendeskundige Bertus Hendriks.
(Foto 12 april 2011: © ANP)

Mijn pleidooi in de strafzaak tegen Geert Wilders.
(Foto 29 mei 2011: © ANP)

Geert Wilders mag als laatste het woord voeren in zijn strafzaak.
(Foto 31 mei 2011: © ANP)

Geert Wilders geeft een reactie na de uitspraak in de strafzaak bij
de rechtbank in Amsterdam.
(Foto 22 juni 2011: © ANP)

Opgelucht heffen Geert Wilders en ik het glas en drinken op de vrijspraak.
(Foto 24 juni 2011: © Matty van Wijnbergen, *De Telegraaf*)

Met Eva op het verjaardagsfeestje van Albert Verlinde en Onno Hoes (beiden 50 jaar geworden).
(Foto 11 juni 2011: © Peter Smulders)

Ik was aanwezig bij het huwelijk van Winston Gerschtanowitz en Renate Verbaan in Ermelo.
(Foto 9 juni 2011: © Peter Smulders)

Bij de Marie Claire Prix de la Mode in het Concertgebouw in Amsterdam.
(Foto oktober 2011: © ANP)

Fotoshoot op Aruba voor de *Libelle*.
(Foto juli 2011: © fotografe Ester Gebuis en Liselotte Admiraal,
productie en styling).

Gezellig winkelen met mijn dochter Chaya.
(Foto september 2011: © Peter Smulders)

Bij Pauw en Witteman.

en de vermeende dader, wie er op enig moment in de jury plaatsnemen: blanke, bruine of zwarte, arme of rijke, laag of hoog opgeleide burgers. En bovenal zou het verschil maken of u een goede of een slechte advocaat hebt. Meer nog dan in ons systeem, want hebt u hier een slechte advocaat, dan is de kans groot dat de rechters ambtshalve zijn stomste fouten ondervangen. Wat niet wegneemt dat ook hier uw raadsman uw nabije toekomst kan maken of breken.

Want juryrechtspraak of niet, het maakt veel uit wie een slachtoffer of verdachte, in misschien wel de meest angstige momenten van zijn of haar leven, naast zich vindt. Is het iemand als Gerard Spong, dan kan men enigszins rustig ademhalen. Dat is iemand die weet waarover hij het heeft. Maar het kan ook een advocaat zijn die de verdachte is toegewezen, die vers van de universiteit komt, die net zijn piketcursus achter de rug heeft – een cursusje dat men met goed gevolg dient af te leggen om zo gauw mogelijk alle zaken, in principe van Bouterse tot Wilders, te mogen doen.

Hier maak ik een pas op de plaats. Uiteraard. Een advocaat die u is toegewezen kan een uitstekende zijn. En elke raadsman moet ergens beginnen. Maar één scheur die men in het bouwwerk van het recht wat mij betreft flink mag dichtplamuren betreft de piketregeling. Een woord dat misschien ingewikkelder klinkt dan het is: wanneer een advocaat een piketcursus heeft doorlopen kan hij of zij zich inschrijven bij de piketcentrale, waarna hij als door de staat betaalde advocaat kan worden 'toegevoegd' aan een slachtoffer of verdachte – in welk soort zaak dan ook. Men is dan een aantal dagen per week oproepbaar, net als bijvoorbeeld een huisarts. En net zoals een huisarts met weekenddienst 's ochtends niet weet of hij die avond een patiënt met een griepje zal treffen of een patiënt met een hersenbloeding, weet de advocaat in piketdienst niet of hij zal worden geconfronteerd met een probleem omtrent bouwrecht, of een dubbele moord.

Om te beginnen wil ik benadrukken dat het prima is dat mensen met minder geld op deze manier toch rechtsbijstand kunnen genieten. Maar om de vaart erin te houden moet ik daar meteen aan toevoegen dat er te veel schoorstenen van te veel advocatenkantoren roken op het geld van de belastingbetaler, en dat te veel onervaren en/of onkundige advocaten zich bezighouden met zaken waar ze werkelijk niets van weten. Wanneer iemand bij mij aanklopt voor een kwestie aangaande maritiem recht, zal ik hem vriendelijk doch beslist de deur wijzen. Ik weet niets van schepen, niets van maritiem recht. Zo zou een pas afgestudeerde advocaat zich niet bezig moeten houden met ingewikkelde strafzaken, als hij daar onvoldoende kennis voor heeft, en te weinig ervaring.

Mijn kritiek is dus tweeledig: kantoren die leven van toevoegingen zouden zaken waarin zij niet gespecialiseerd zijn, of zaken die simpelweg te ridicuul zijn om aan te nemen, moeten weigeren. En verder zouden er extra eisen moeten worden gesteld, zouden er extra toetsingen moeten plaatsvinden, voordat een beginnende advocaat als strafpleiter in een gecompliceerde strafzaak mag optreden. Wanneer men alles maar aanneemt om zo veel mogelijk uren te kunnen schrijven en zo veel mogelijk overheidsgeld te innen, krijgt men onherroepelijk met absurde en treurige situaties te maken, zoals die keer dat ik met een confrère naar de Antillen vloog.

Mijn cliënt moest alles zelf betalen, mijn uren en mijn reis. Ik geef toe, ik ben geen groot filantroop. De medeverdachte had een advocaat aangewezen gekregen: mijn medepassagier.

'Wat mij betreft begint u met uw vragen, ik heb er om en nabij tweehonderd', zei ik. 'Ik heb er maar één', zei hij.

Op het eiland bleek dat hij inderdaad één vraag wist te stellen, iets over een gouden horloge. Had hij daar niet even over kunnen bellen? Neen, blijkbaar was het noodzakelijk om op ons aller kosten naar de Antillen te vliegen en weer terug, om iemand iets te vragen over een uurwerk.

Misschien, heel misschien, zou hier een kleine renovatie op zijn plaats zijn. Niet de hele regeling – laat ik dat snel toevoegen, in een tijdsgewricht waarin men de neiging heeft om wanneer er een puist op een elleboog wordt ontdekt, de hele arm eraf te hakken – hoeft op de schop, maar enige aanpassingen zou ik van harte verwelkomen.

U ziet: ook in deze pleit ik voor expertise. Het gebrek aan professionaliteit – eigenlijk niet weten waar je het over hebt, zomaar wat improviseren – dat ik bij sommige collega's ben tegengekomen, zou bij onze tegenstanders, de officieren van justitie, ondenkbaar zijn. Ik durf zonder meer te stellen dat het niveau van de officieren van justitie in dit land vele malen hoger is dan dat van de gemiddelde strafadvocaat. Een paar decennia geleden wilden de officieren nog wel eens al te stoere *crimefighters*, cowboys zijn, maar de laatste jaren zijn ze steeds zakelijker geworden. Ze komen vrijwel altijd beslagen ten ijs, zijn goed ingevoerd in de materie. En ja, natuurlijk zit er, zoals in welke beroepsgroep dan ook, wel eens een rotte appel tussen. Uiteraard zou ik er een paar kunnen noemen. Maar rotte appels dient men weg te gooien, niet op te poetsen. De meeste officieren zijn vakkundig en alert. In tegenstelling tot strafpleiters – dit is mogelijk ook een gevolg van het feit dat strafrecht té sexy is geworden – hebben zij steeds minder de neiging *goedkoop* theater te maken.

Nu ik me toch even in uw aandacht mag verheugen, zou ik graag, na kort mijn vakbroeders en mijn professionele tegenspelers in het zonnetje te hebben gezet, hetzelfde doen met die andere steunpilaar van de rechtsstaat, de beroepsgroep die in eerdere hoofdstukken niet altijd even positief is gewaardeerd. Die van rechters.

Net haalde ik een populaire publieksvraag aan. Waarom zou alleen een beroepsrechter mogen oordelen over goed en kwaad? Met andere woorden: waarom u niet? Waarom ik niet? Los van meer fundamentele overtuigingen wat betreft de vertaling van vergelding, enzovoort en zo verder, zou ik voor mezelf kunnen antwoorden: ik vind oordelen over goed en kwaad al zo verschrikkelijk moeilijk dat het me een helse verantwoordelijkheid lijkt aan dat oordeel ook nog eens een straf te moeten verbinden. De morele leidraad in mijn persoonlijke en professionele leven voldoet soms niet, zoals ik uiteenzette toen ik het over door en door slechte mensen had, om in zaken van op het eerste gezicht verschrikkelijke wandaden zonder meer de scheidslijn tussen zwart en wit aan te geven.

Als persoon weet ik dat je niet liegt, steelt, bedriegt,

moordt. Als advocaat weet ik waar de grenzen liggen. Maar wie ben ik om over de al dan niet verschoven grenzen van een ander te oordelen? Natuurlijk doe ik dat wel eens, nadat ik, om het motto van dit boek, het citaat van Leibowitz aan te halen, heb geprobeerd om behalve het vijfde deel van een zaak, het topje van de ijsberg dat in een dossier zichtbaar wordt, ook de andere delen te doorgronden. Ik schrijf 'heb geprobeerd' omdat vrijwel altijd een deel in het duister gehuld blijft.

Als rechter moet je over alle delen, alle aspecten van een zaak beslissen, en besluiten of je iemand achter de tralies zet of niet. Of je een levend, denkend wezen opsluit, het blijft een afschuwelijke straf, hoe je het ook bekijkt. Dat is een verdomd grote verantwoordelijkheid, die we mijns inziens moeten overlaten aan mannen en vrouwen die zich het overgrote deel van hun leven op die taak toeleggen, door te studeren, door ervaring op te doen. De beste rechters weten kennis en levenservaring te combineren om tot een gedegen oordeel te komen. Het is bij uitstek een vak voor mensen die dan wel door oefening dan wel door natuurlijke aanleg in staat zijn gecompliceerde drama's te analyseren en er onmiddellijk de plot, de karakters en belangen van de hoofdrolspelers uit te destilleren.

Hieruit volgt vanzelf dat niet iedereen over de eigenschappen beschikt om een goede rechter te worden. Onder hen die toch rechter worden, zijn er natuurlijk die de benodigde zelfkennis missen om op tijd tot de conclusie te komen dat ze op de verkeerde stoel zitten. Maar om ze dan, als in de juryrechtspraak, maar allemaal op de reservebank te zetten, dat zou weer het typische sloophamerwerk zijn.

Wanneer ik me de ideale rechter voorstel, stel ik me iemand voor die verdacht veel lijkt op Huub Willems, de voormalige vicevoorzitter van het gerechtshof Amsterdam. Hij beschikte over een dossierkennis waar je koud van werd, plus een natuurlijk overwicht. Een man wiens zinnen rechtstreeks uit het Latijn leken te komen. Een man die geen fratsen nodig had. Sommige rechters veinzen autoriteit, mr. Willems had die. Wanneer hij binnenkwam hoefde niemand de aanwezigen tot stilte te manen. Een rechter die voor zijn rol geboren was. Ze zijn zeldzaam, mensen die volledig samenvallen met hun vak, en die ook nog deugen. Binnen én buiten de rechtszaal.

Ik luister naar Casals, lees terug wat ik schreef, mijn oog valt op begrippen als 'morele leidraad', 'grenzen', 'deugen'. Het is al laat, en ik vraag me af of ik opnieuw moet ingaan op momenten in mijn geschiedenis, in mijn vijfentwintig jaren als strafpleiter, waarop niet iedereen, laat ik het voorzichtig stellen, deze begrippen als vanzelfsprekend aan mijn naam verbond. Veel is hier al gezegd. Maar ik geloof dat ik u een paar antwoorden schuldig ben. Zo beloofde ik eerder nog iets meer te zeggen over de criteria voor het aannemen van cliënten, en de afstand die een strafpleiter van hen dient te houden.

Lang geleden kreeg mijn vader, op zomaar een avond, een telefoontje. Pieter Menten, een Nederlandse 'zakenman' die in Polen als ss'er heeft deelgenomen aan massamoorden op de joodse bevolking van dorpen in Galicië – uitgerekend de streek waar de ouders van mijn vader zijn geboren

– wilde dat hij zijn raadsman zou worden. Ik begrijp nog altijd niet hoe hij het zich in zijn hoofd haalde. Het leek een perverse grap, maar de man bood bakken met geld.

Uiteraard heeft mijn vader het aanbod zelfs niet overwogen.

Dit is de eerste categorie mensen die ik nooit zou kunnen verdedigen: oorlogsmisdadigers. Iedereen heeft recht op rechtsbijstand, ook zij, maar mijn emoties zouden een zinnig pleidooi in de weg staan.

Iemand vroeg laatst waarom ik rond het proces Wilders zo uit mijn slof kon schieten wanneer mijn cliënt werd vergeleken met Hitler, en zijn partij met de NSB. Ik kan me herinneren dat ik inderdaad vrij fel reageerde op dat soort vergelijkingen, bijvoorbeeld toen Herman van Veen de PVV met de NSB vergeleek. Waarom zou ik me keren tegen iemand die ik buitengewoon bewonder?

Misschien ligt die felheid – los van de evidente onzinnigheid van de opmerking – in de implicatie dat ik, als raadsman van de fractievoorzitter van die partij, dan de leider van de NSB zou verdedigen. En u begrijpt: ik ben tot iets dergelijks niet in staat. Je kunt moeilijk iemand verdedigen die je wel de nek zou willen omdraaien.

Zo komen we op de tweede categorie van lieden voor wie ik nooit zou kunnen pleiten: de categorie van dames en heren die iemand hebben geschaad van wie ik hou. De overvaller van een van mijn vrienden bijvoorbeeld moet een andere advocaat zoeken. U zult zeggen dat die toch niet bij mij zou aankloppen, maar de gekste dingen kunnen gebeuren. Denk aan Menten.

Verder neem ik in principe elke zaak aan – althans, als u

van mij geen garantie eist dat u vrijkomt. Dat is misschien een derde reden om niet aan een zaak te beginnen. Garanties bestaan in mijn vak niet.

Buiten deze drie categorieën kunnen er andere redenen zijn om een verdediging niet te voeren, redenen van een geheel andere aard. Ik kan bijvoorbeeld niet zowel u als uw aartsvijand bijstaan. Rond de zaak Holleeder is de suggestie gewekt dat het onethisch was om zowel Endstra als Holleeder te verdedigen, omdat zij gebrouilleerd zouden zijn geweest. Ik raak nog even aan dit verhaal om uit te leggen dat, mocht er maar de kleinste kans op de schijn van belangenverstrengeling bestaan, een advocaat naar de Deken kan stappen om hem of haar om een onafhankelijk oordeel te vragen. Zulks heb ik bijvoorbeeld in eerder genoemde zaak gedaan. De Deken zag destijds geen problemen. Mocht een advocaat niet naar de Deken gaan, en toch verschillende zaken niet gescheiden houden, dan zal de Deken zelf actie ondernemen.

Misschien denkt u: en hoe komt die Deken daar dan achter? Ik kan u vertellen dat er vele wegen zijn die naar de Deken leiden, en dat u erop kunt rekenen dat hij of zij heel rap van dit soort praktijken op de hoogte zou zijn. Althans, daar waar het mij betreft. Misschien liggen de zaken voor een confrère in Oentsjerk anders. Dat geldt natuurlijk voor meer zogenoemd onethisch handelen dat mij is verweten, dat die zaken voor een confrère in bijvoorbeeld Oentsjerk anders liggen. Wanneer in Oentsjerk of Valkenburg een advocaat op straat een cliënt die hij al jaren bijstaat de hand schudt, staat dat niet dezelfde dag in de krant. Wanneer in Valkenburg of Blokzijl een raadsman na een toevallige ontmoeting met een cliënt een kop koffie drinkt om het een en ander te bespreken dat toch nog op de agenda stond, is er geen haan die er naar kraait, geen mens die grote woorden in de mond neemt. Van mr. Moszkowicz uit Amsterdam daarentegen wordt verwacht dat hij een zijsteegje inschiet wanneer hij op enig moment een cliënt of zelfs een ex-cliënt in het vizier krijgt. Goed beschouwd zou ik starend naar de kasseien door de stad moeten gaan. Begrijp me goed, mijn grenzen zijn helder. Een cliënt, al is die meestal slechts verdachte wanneer ik iets met hem of haar van doen heb, komt niet verder dan kantoor. Enkele uitzonderingen daargelaten – en die betreffen cliënten als Wilders, cliënten die niet van zeden- of levensdelicten worden verdacht – wordt een samenzijn niet anders opgefleurd dan met een kop koffie.

Met Wilders bijvoorbeeld heb ik een hapje gegeten. Dan weet u dat. Na de vrijspraak. Italiaans, voor hen die het interesseert. Het was heerlijk, dank u.

De enige keer dat ik de grens niet voldoende in de gaten heb gehouden, achteraf bezien, was op een avond in Suriname.

Het waren wonderlijke, filmische weken daar, in 2000. Wat betreft de verdediging van Bouterse: er zijn in deze wereld baantjes die minder aandacht trekken. Gelukkig vreesde ik de publieke opinie toen al niet. Op het moment dat ik me daardoor laat weerhouden, kan ik beter stoppen en aan oude auto's gaan sleutelen. Sigaartje erbij, glaasje port, en mijmeren over betere tijden.

Bouterse werd destijds verdacht van het transporteren van drugs, de zogenoemde Copatransporten. Waar ik ge-

woon was een cliënt op kantoor te ontvangen of in het gevang te bezoeken, reisde ik op een dag in een vliegtuig vol
journalisten naar Paramaribo. Het begin van een surrealistische periode. Slapen in een bewaakt appartementencom-
plex, 's ochtends onder bewaking naar het beroemde To-
raricahotel om te ontbijten. Tochten naar het binnenland,
over de Marowijnerivier, over stoffige, roodgekleurde pa-
den, dertig kilometer per uur in een busje en om de paar kilometer een pauze waarin de nodige frisse, maar o zo sterke
dranken werden geschonken – de alcohol voelden we de
volgende ochtend pas.

Wij: Bouterse en gevolg, journalisten, mijn medewerkers en ik.

Er werd gewerkt, er werd boomkip gegeten.

'Lekker, kip', riep ik. 'Graag!'

Het bleek een soortement gestoofde hagedis. Ik heb die
gang toch maar aan mij voorbij laten gaan. Ook voor de
slang die op enig moment op het menu stond, kon deze
jongen uit Maastricht geen buitengewoon enthousiasme
opbrengen. De hele sfeer was letterlijk buitengewoon. De
vochtige warmte, de geuren, het beleefdheidsbezoek aan
president Wijdenbosch waarvoor op een ochtend de uitno-
diging kwam.

'Maar Bram', vraagt u, 'had je dit allemaal al niet moeten
weigeren? Had je niet in je bewaakte appartement met je
neus in de boeken moeten zitten en niet alleen de boomkip, maar elk mogelijk vertier aan je voorbij moeten laten
gaan?'

Ik wil u er nog eens aan herinneren dat ik in het kielzog
van een karavaan journalisten door dat land reisde, en daar-

aan toevoegen dat er hard werd gewerkt. Uiteindelijk heeft Bouterse voor zes van de zeven feiten vrijspraak gekregen. Daar kunt u van vinden wat u wilt, maar daarvoor was ik daar, om mijn vak uit te oefenen. Ironisch genoeg ben ik ervan overtuigd dat hij met het feit waarvoor hij toen is veroordeeld niets te maken had – een drugstransport naar Stellendam in Zeeland. Een ingewikkeld verhaal, vandaag de dag niet erg relevant meer.

Tot zover geen spijt, tot zover destijds geen problemen in de pers. Wat ik 'geen problemen' noem, betekent dat er niet meer dan de gebruikelijke kritiek werd gespuid, verontwaardiging over het feit dat ik die abjecte figuur überhaupt bijstond. Maar daar hoeven wij, beste lezer, nu toch niet opnieuw bij stil te staan?

Het beeld dat me is blijven achtervolgen, en waar ik zelf ook niet bijzonder trots op ben, is dat van een dansende raadsman met zijn beroemde en beruchte cliënt, Desi Bouterse. Onlangs dreigde dat beeld weer op te duiken, terwijl ik te gast was in Nova College Tour.

'Heb je ergens spijt van?'

'Ja, van dat dansje met Bouterse.'

'Laten we even naar de beelden kijken.'

Dat verbood ik, midden in de uitzending. Deels omdat ik nu eenmaal de neiging heb het mezelf moeilijk te maken wanneer het ook makkelijk kan, deels omdat ik vind dat die beelden oneigenlijk zijn geschoten en gebruikt. Als ik de beelden simpelweg had laten uitzenden, om die vervolgens rustig met gastheer Twan Huys te bespreken, had waarschijnlijk niemand me die dag iets verweten.

U zou, terecht, kunnen opmerken dat ik door de uitzending van een weinig opwindend dansje te verbieden, die beelden veel spannender maakte dan ze zijn. Maar ik hecht nu eenmaal enorm aan het Hollandse adagium 'afspraak is afspraak'. Ik vind het al moeilijk genoeg om op deze aardbol iemand te vertrouwen, en wanneer men een afspraak schendt, wordt mijn wantrouwen gevalideerd. Dan trap ik op de rem, of het nu in een live uitzending is of op een verjaardag.

De afspraak met Nova was, vanaf 2000 al, dat die beelden niet zonder mijn toestemming zouden worden uitgezonden.

Waarom?

De ontstaansgeschiedenis was aldus: ik had een lange dag achter de rug. We zaten in de bar van het hotel. Het werk was gedaan, de persconferentie was gegeven, de sfeer was informeel. We dronken wat. Wij: Bouterse en gevolg, journalisten, mijn medewerkers en ik. Men ging de dansvloer op. Bouterse als eerste. Ik ben geen Michael Jackson, maar ook ik besloot een dansje te wagen. Een camera draaide, de opname werd uitgeknipt, de beelden werden verzonden en ziedaar: Bram was het liefje van Bouta.

Nu weet ik dat we in een tijd leven waarin elke beweging buitenshuis kan worden vastgelegd met telefoons en camera's zo klein als een teennagel. En zoals ik al zei, ik vind dit niet het meest waardige moment uit mijn jaren als strafpleiter. Ik had rustig aan die bar moeten blijven zitten. Ik heb me die ene keer enigszins laten meeslepen, in die surrealistische sfeer, in dat hotel met de exotische naam. Maar toch vraag ik me af of ik daarmee verdien de rest van mijn leven te worden achtervolgd door een paar lullig geschoten beelden die veel meer impliceren dan ze inhouden. In die dagen was ik nog niet zoals nu doordrongen van de macht van het beeld. Ik had toen nog geen kostbare momenten van mijn leven verspild aan de toelichting op een foto die een of andere verveelde kwezel had gemaakt van een toevallige en vluchtige ontmoeting tussen mij en een cliënt in de P.C. Hooftstraat.

Dames en heren journalisten, u zult zo langzamerhand wel moe worden van mijn kritiek op uw werk. Ik bedoel het allemaal zo slecht niet. Ik weet als geen ander dat, net als voor een politicus de arena waarin hij kan winnen of verliezen groter is dan de Tweede Kamer, de arena van een strafpleiter vele malen groter is dan de rechtszaal. En hoewel ik me nooit heb beziggehouden met ongein als mediatraining, kan ik van het spel met uw camera's en microfoons op z'n tijd best genieten. Als ik de indruk wek wat zuur te zijn over de macht van het beeld en het cliché, dan strekt dat verder dan uw rol. Het zou mij, een aantal collega's en ons vak enorm helpen wanneer niet alleen de kunstig versierde façades van het Paleis van Justitie in de schijnwerpers zouden staan, maar ook de door vermoeide voeten versleten tapijten binnen.

Casals is al bijna aan de laatste maten van de vierde suite toe. Het is weer later geworden dan ik dacht, en ik heb me meer opgewonden dan ik me had voorgenomen. Uitblazend komen prettigere herinneringen boven, aan goede journalisten bijvoorbeeld, aan Koch die wist hoe een smeuig ontbijtstuk te schrijven dat toch klopte, of aan de rechtbankverslaggever Soeteman die in zijn stukken gedegen juridische kennis combineerde met een haast dichterlijke verteltrant.

Ik geloof dat het tijd wordt om naar bed te gaan. Morgenvroeg wachten nieuwe zaken, nieuwe cliënten. Maar misschien dat ik nog heel even naar een klein stukje van Pablo's *Song of the Birds* luister. Bij de pracht van dat lied valt al het gekwinkeleer en gekwetter van gisteren en morgen in het niet.

HOOFDSTUK 8

Atlas

Mijn zoon Nathan zal een jaar of zes zijn geweest toen hij naar een beeld op het dak van het Paleis op de Dam wees en vroeg: 'Wie is dat?'

'Dat is Atlas', zei ik.

'Wat heeft hij op zijn nek?'

'De wereld. Zie je wel? Atlas draagt de hele wereld op zijn schouders.'

'Maar als hij de wereld draagt, waar staat híj dan op?'

Mijn antwoord kan ik me niet meer herinneren. Het zal niet veel soeps zijn geweest. Dit zijn van die momenten waarop je als vader, met al je vermeende kennis en levenservaring, niets beters kunt bedenken dan je kind gauw mee te slepen naar een ijskraam.

'Extra chocolade en slagroom alstublieft.'

Zoetigheid om al te moeilijke vragen te vergeten. Soms lijkt het alsof alleen kinderen en ouderen deze vragen ten diepste serieus nemen – in de jaren tussen kindertijd en ouderdom zijn ze maar lastig, zitten ze je maar in de weg bij wat het ook is dat je denkt te moeten doen.

Ik heb geen religieuze opvoeding genoten. Eerder een opvoeding waarin bepaalde joodse tradities belangrijk waren. Tradities die ik me vooral herinner in relatie tot onze familierituelen. Ze hoorden bij het dagelijks leven als de netjes gedekte tafel, als de soepen van mijn moeder.

Vrijdagavond, het begin van sjabbes, was een belangrijke familieavond, en is dat in mijn huishouden nog steeds. Maar we staken niet elke vrijdag bij zonsondergang sjabbeskaarsen aan, en we zaten lang niet elke week in de synagoge. Ondanks het feit dat mijn vader vrijwel constant werkte, was de vrijdagavond voor ons samen. Ook toen we allemaal al getrouwd waren en kinderen hadden, kwamen we op die avond bij elkaar. Zeker tot mijn vijfenveertigste reed ik vrijwel elke vrijdagavond het hele eind naar Maastricht.

Mijn moeder had gekookt, mijn vader haalde een paar goede flessen uit zijn wijnkelder. We namen de week door, wat over het algemeen betekende dat we het maar over één ding hadden: werk. Mijn moeder moest met haar vuist op tafel slaan om de vijf vakidioten te dwingen eens van onderwerp te veranderen. Arme vrouw, om steeds maar weer te moeten luisteren naar de verhitte gesprekken over één en hetzelfde beroep.

Met elke echtgenote en elk kind dat de familie verrijkte, liet mijn vader de prachtige, antieke eettafel vergroten. Steeds een plank erbij. Eigenlijk deden wij elke vrijdagavond wat veel andere families alleen met Kerst doen. Uitgebreid de tijd nemen voor elkaar.

Denkend aan die vraag van Nathan op de Dam, realiseer ik me dat ik nu geen beter antwoord zou weten te formuleren dan toen, en dat ik hoogstwaarschijnlijk nooit een zinnige verklaring voor het zweven van Atlas zal verzinnen, voor de oorsprong der dingen. Antwoorden op de grootste vragen van leven en dood heb ik niet, en de theorieën van anderen spreken me niet aan.

Mijn vader besloot, ik vermoed pas na zijn vijfenzestigste, talmoedlessen te nemen. Hij zei dat hij die goed zou kunnen gebruiken om het recht nog beter te kunnen analyseren. Daar zit uiteraard een kern van waarheid in, hij is de eerste niet die beweert dat de joodse wijze van teksten bestuderen het analytisch vermogen scherpt. Maar ik weet dat hij ook een ander motief had om op latere leeftijd opnieuw te gaan studeren. Hij zocht naar antwoorden. Waar was al die gruwel die hij en de zijnen hadden moeten meemaken voor nodig geweest? Bestond er behalve het menselijke recht geen kennis, geen wijsheid die enig houvast kon bieden?

Volkomen begrijpelijke vragen, en toch heb ik zelf nooit de neiging gehad de antwoorden in die richting te zoeken. Ik ben wel eens bij een van de gesprekken tussen Max en een rabbijn geweest. Ik stelde de rabbijn de meest voor de hand liggende, maar ook meest pregnante vraag: hoe heeft Auschwitz kunnen gebeuren?

De man stelde om te beginnen dat wij klein zijn, heel klein. Wij zijn zo klein dat wij niets kunnen overzien. Daarna vertelde hij de volgende parabel. Een holbewoner wandelt een moderne operatiekamer binnen. Hij kijkt vol afgrijzen naar de scalpels, de apparaten, het bloed dat wordt afgezogen en denkt: wat een verschrikking. Wat een hel.

U kunt de onderliggende gedachte raden. Wij zijn als die holbewoner. Wie weet welke betekenis Auschwitz had, in *the grand scheme of things*?

Ik groette de rabbijn, en bedacht dat het best knap was

met zoveel woorden niets te zeggen. Zeker na mijn bezoek aan Auschwitz denk ik dat, mocht de redenatie van die man ook maar een greintje waarheid bevatten en mocht er een goddelijke rechtbank bestaan, ik die zal moeten wraken zoals ik nog nooit heb gewraakt.

Na mijn bezoek aan Auschwitz ben ik scherper gaan zien wat het dagelijks leven zin geeft. Het gevoel van die vrijdagavonden vroeger, samen rond de tafel. Uitgebreid de tijd te nemen voor elkaar. Want wat is belangrijker dan aandacht en tijd voor degenen die je lief zijn?

Tegenwoordig moeten er wel hele gekke dingen gebeuren, wil ik niet ten minste de zaterdag aan mijn gezin besteden. En ik heb niet veel vrienden, maar heeft een vriend me nodig, dan zet ik alles aan de kant. Het woord 'heilig' is wat mij betreft vooral van toepassing op mijn kleine kring van dierbaren. Die wonderschone mensen zijn me heilig. Ze zijn des te belangrijker omdat ik het niet vanzelfsprekend vind mensen te vertrouwen, in mijn hart te sluiten.

Het mag wonderlijk klinken voor iemand die altijd in gezelschap lijkt te zijn, op het werk, in de media, maar ik zou mezelf een weinig sociaal wezen durven noemen. Wanneer ik een zakenlunch kan vermijden, doe ik dat. Waar anderen borrelen en netwerken drink ik liever alleen mijn glas whisky, aan het einde van de avond, vlak voordat ik ga slapen. Mijn nekharen gaan van het wóórd 'netwerken' al overeind staan. Ik twitter niet, ik weet niets van Facebook, ik verstuur geen e-mails voor mijn lol. Mijn mobiele telefoon is van een type dat vlak na de verdwijning van de telegrafie bijzonder hip was. Ik weet wel dat sociale media in bepaalde omstandigheden, denk aan de opstanden in Noord-Afrika, heel nuttig kunnen zijn, ik weet wel dat internet een schat aan kennis bevat, maar datzelfde internet is ook de latrine van de wereld, waar de grootste smerigheid samenvloeit, en het uitwisselen van roddel en achterklap wordt beschouwd als een goed gesprek.

Toegegeven, mijn wat anachronistische omgang met dit soort moderne middelen maakt dat ik misschien wel eens wat mis. In het niet-virtuele leven geldt dat ook; misschien is het zakelijk niet altijd even handig geweest om me aan alle vormen van netwerken te onttrekken. Maar wat dat betreft ben ik eigenwijs, en zijn er dingen die ik aan mijn karakter niet kan veranderen. Ik heb ooit gezegd dat ik uitga van niet-vertrouwen. Anderen hebben geanalyseerd dat mijn familiegeschiedenis daar alles mee van doen heeft – dat mag zo zijn, maar dat verandert niets aan het feit dat ik ben wie ik ben. Wanneer ik iemand ontmoet, zie ik binnen vijf seconden of ik hem kan vertrouwen of niet. Wanneer ik me in een sociale gelegenheid bevind, vallen me eerder de onregelmatigheden op dan de gezelligheid.

Ik kan me herinneren dat ik eens met mijn ex-vrouw, Juliëtte Polak, en een bevriend stel in Paradiso was. Een lekkere soulband speelde. We zaten op het balkon. Iedereen genoot, maar ik zag beneden in de zaal wat types rondlopen die me niet bevielen. Ik wist dat ze andere plannen hadden dan een fijne avond uit. Iedereen keek naar de band, behalve die figuren – en ik. Later bleek dat er tijdens het optreden een aantal mensen was bestolen. Mij ontgaat zoiets niet.

Of dat nu altijd prettig is, valt te betwijfelen. Ik ben me

ervan bewust dat ik het mijn geliefden en vrienden met mijn vechtersmentaliteit en rechtlijnigheid niet altijd gemakkelijk heb gemaakt. Als je weinig mensen vertrouwt, en er eerder van uitgaat dat men onzuivere bedoelingen heeft dan zuivere, is het logische gevolg dat je echte vrienden op één hand te tellen zijn.

Zoals gezegd kan ik moeilijk beoordelen in hoeverre deze karaktereigenschappen rechtstreeks met mijn jeugd, met de geschiedenis van mijn vader te maken hebben. Ik weet wel dat hij en ik beiden vechters zijn, en beiden nooit vergeten wie ons onrecht heeft aangedaan.

Herinnert u zich nog dat ik vertelde hoe mijn vader, nadat hij in een Amerikaanse tank in Maastricht was gearriveerd, rechtstreeks naar zijn ouderlijk huis liep, om daar een NSB'er aan te treffen? Jaren later mocht Max het genoegen smaken als curator op te treden in het faillissement van diens familiebedrijf. Dat was een mooie dag, een dag van rechtvaardigheid.

Nu is mij persoonlijk, dat spreekt vanzelf, nooit onrecht aangedaan in de orde van grootte van het onrecht dat mijn vader en zijn familie, en al die anderen is aangedaan, maar ik heb voldoende meegemaakt om bevestigd te zien dat de basis van niet-vertrouwen waarop ik de mensheid tegemoet treed meestal een gerechtvaardigd uitgangspunt is. Mijn intuïtie – bij gebrek aan een beter woord – laat me, zowel zakelijk als privé, zelden in de steek. Zakelijk helpt die me om bijvoorbeeld in het geval van een nieuw aan te nemen medewerker het juiste besluit te nemen. Ik kan een dame of heer met enkel zevens op zijn lijst verkiezen boven een kandidaat die cum laude is afgestudeerd. Ik heb dan gezien en gevoeld dat iemand deugt, en slimmer, scherper en betrouwbaarder is dan de voorbeeldige student in kwestie. Zelden wordt mijn intuïtie gelogenstraft.

Blijmoedig sloot ik een eerder hoofdstuk in dit boek af met de woorden: 'Mijn cliënt en ik gingen over tot de orde van de dag.' Wilders was vrijgesproken, ik kon weer af en toe de tijd nemen om rustig naar Pablo Casals of Glenn Gould te luisteren, me tevreden wetend met *a job well done*.

Nu ik het over intuïtie heb, denk ik terug aan het vermoeden dat ik in die dagen na het proces al had, het vermoeden dat het proces ongetwijfeld een staartje zou krijgen. Niet zozeer in de vorm van een rapport dat de gang van zaken zou evalueren, zoals het rapport Meijerink, dat de Amsterdamse rechtbank heeft laten maken – dat zo'n rapport er moest komen was logisch, was te voorzien, en een wijs besluit. Na een zaak die zo veel stof had doen opwaaien, die in Nederland uniek was wat betreft de aandacht van het publiek en de media, leek het me onvermijdelijk dat men zou onderzoeken hoe de rechtbank onder deze uitzonderlijke omstandigheden had gefunctioneerd. Dit rapport kent conclusies en aanbevelingen die me zeer positief stemmen – zo luidt een van de aanbevelingen dat de rechters die een wrakingskamer vormen, voortaan van een andere rechtbank zouden moeten komen dan van de rechtbank waar het desbetreffende proces plaatsvindt. Iets wat ik al tijden beweer. Maar het vermoeden waarover ik spreek was van een andere aard. Intuïtief besefte ik dat ik een aantal mensen met mijn drie wrakingsverzoeken op de tenen had getrapt. Laten we opnieuw zeggen 'dames en heren die met het dragen van een toga niet onbekend zijn'. En niet alleen die wrakingsverzoeken, in dat proces, maar die verzoeken in combinatie met ouder zeer – woorden als abject en infaam, ik noem maar wat – zouden naar ik aanvoelde wel eens tot gevolg kunnen hebben dat mij als advocaat een vredige overgang naar de orde van de dag niet zou worden gegund.

Ik wachtte af. De tijd verstreek. Eén maand, twee maanden, drie... Er gebeurde niets. Vier maanden, vijf... Op enig moment dacht ik mijn oordeel over de medemens iets te moeten bijstellen, blijkbaar kon men toch vakwerk van obstructie onderscheiden, blijkbaar kon... En daar kwam per aangetekende post de bevestiging van mijn vermoedens. Men had de tijd genomen. Men had vlak na het proces weinig aanleiding kunnen vinden mijn manieren ter discussie te stellen, maar bijna een half jaar later had men dan toch iets weten op te diepen.

De president van de Amsterdamse rechtbank, mr. Eradus, verzocht mij, bij monde van de Deken – niet de heer Van Veghel, maar zijn opvolger – in een gesprek drie punten toe te lichten. Ten eerste was het de president van de rechtbank ter ore gekomen dat ik in de interlude tussen het eerste en tweede proces Wilders een griffier van de rechtbank als advocaat-stagiaire in dienst had genomen van wie het verhaal ging dat zij, tijdens de sollicitatieprocedure, bij een collega die als griffier in de Wilders-zaak werkzaam was, informatie over het dossier had ingewonnen.

Zo werden mijn voorgevoelens gevalideerd, maar zelfs ik, met al mijn ervaring, had deze specifieke suggestie niet kunnen zien aankomen. Want wat werd hier gesuggereerd?

Ik zou een werknemer hebben laten spioneren bij de rechtbank. Dat men na een maand of zes met deze aantijging kwam, ging en gaat mijn voorstellingsvermogen te boven. Ja, ik noem het een aantijging, al sprak de brief van 'misverstanden uit de wereld helpen'. Een officiële klacht is nooit ingediend.

Dit verhaal ligt opnieuw in de lijn van dat van een rechter die zegt: 'Goed, er is geen bewijs voor het feit dat u het ondergoed van de waslijn van uw buurvrouw hebt gestolen. Maar er is ook geen bewijs dat u dat niet hebt gedaan. Er is trouwens ook helemaal geen aangifte gedaan, maar, nou ja, er gaan verhalen. Hier en daar. Zo nu en dan. Ik stel het enkel aan de orde om eventuele misverstanden uit de wereld te helpen. Vertel eens. Welk slipje kon u het meest bekoren?'

Erger dan de suggestie ondergoed van een waslijn te hebben gestolen, is voor een advocaat de suggestie schuldig dan wel medeplichtig te zijn aan spionage. Uiteindelijk is daar geen grap, geen satire van te maken. Komt men met een dergelijke suggestie, dan dient men goed beslagen ten ijs te komen. Zeker als die suggestie spreekt uit een officiële brief. Had de Deken mij even gebeld, en gezegd 'Bram, wat ik nou toch weer heb gehoord... Kunnen we dit meteen even ophelderen?', dan waren we in drie minuten klaar geweest. Ik had dan uitgelegd dat mijn stagiaire niets meer of minder heeft gedaan dan, eenmaal door mijn kantoor aangenomen, afscheid van haar collega's nemen, en een van hen vragen naar een handboek Europees recht, dat ze ter voorbereiding van haar werk voor mij, uiteraard ook eventueel in de zaak Wilders, zou kunnen gebruiken.

'Dank, Bram, tot ziens' had de Deken in dat geval gezegd, en daar en dan hadden we werkelijk over kunnen gaan tot de orde van de dag.

Maar helaas. Er was een brief nodig; een vage, absurde brief. En daarom was het uitgesloten dat ik in levende lijve voor een gesprek zou verschijnen. Zo laat ik me niet op het matje roepen.

Laten we voor de volledigheid ook punt twee en drie maar kort doornemen: er werd mij verweten een dag niet ter zitting te zijn verschenen, terwijl het volgens de rechtbank evident was dat die gehele dag aan de zaak zou worden besteed. Dit doet denken aan een briefje van school: *Uw zoon was dinsdagochtend de eerste vier uur niet aanwezig.* Vijfentwintig jaar in het vak, en ik moest in mijn schriftelijke reactie uitleggen dat ik, anders dan de officieren van justitie en de rechters, geen vrijstelling had om enkel de zaak Wilders te doen. Ik had nog andere cliënten, die me ook zo nu en dan wilden zien.

Het derde punt betrof een te kort pleidooi. Ik kan niet anders dan concluderen dat men mij zo graag hoort pleiten, dat het hen niet lang genoeg kan duren. Waar ik op het tijdstip dat men van mij een schatting van de duur van het betreffende pleidooi verwachtte in alle eerlijkheid had aangegeven dat het naar verwachting tien uur in beslag zou nemen, besloot ik de avond voor de zitting dat ik het de rechtbank wilde besparen een pleidooi aan te horen waarvan een groot deel al bij de rechters bekend was. Uiteindelijk pleitte ik vier uur.

Blijkbaar had ik daarmee mijn publiek teleurgesteld.

De Deken schreef dat het gesprek onder andere het doel zou hebben aan 'kennelijk gegroeide irritaties een einde te maken'. U weet, ik heb onder de omstandigheden geen gesprek willen voeren, en aan mijn irritatie althans is nog niet helemaal een einde gemaakt.

Natuurlijk, ik zou dit allemaal kunnen proberen te vergeten. Zand erover. Water onder de brug. Enzovoort. Maar zoals ik al zei, ik vergeet onrecht niet snel. Denk er ook aan dat dit valse spel over de rug van een van mijn medewerkers werd gespeeld. En er is nog een reden om deze brief op de valreep kort te bespreken. Ik heb in deze hoofdstukken in vogelvlucht verslag gedaan van mijn carrière tot dusver, en ik hoop dat u behalve mijn koppigheid ook mijn pleidooi voor nauwkeurigheid is bijgebleven. Zelfs al waren de bedoelingen van de voorzitter van de rechtbank zo slecht nog niet, dan nog moet ook zij begrijpen dat een paar misplaatste woorden het hele discours kunnen vervuilen.

Voor de laatste keer, in dit boek althans, wil ik hier mijn vader opvoeren. Van hem heb ik de waarde van het juiste woord, ja, zelfs van het juiste leesteken geleerd.

Ik was wel eens in zijn kamer aanwezig terwijl hij brieven schreef. Meerdere keren heb ik gezien hoe hij van een vel papier een prop maakte, die in de prullenbak wierp, een nieuw vel pakte, fronste, de prop papier uit de prullenbak haalde, openvouwde, snel een komma zette en het papier opnieuw verfrommelde.

Bij dat beeld adem ik uit. Ik lees terug.

Irritaties, wantrouwen, vechtlust: geen woorden die eeuwige vrede oproepen. Soms lijkt het me wel prettig om een rabbijn op zijn woord te geloven. Eenvoudig, in elk geval. Te geloven dat er een hogere macht over je heerst. Misschien kun je dan je bokshandschoenen eens uitdoen en je overgeven.

Maar ik geloof er niks van.

De titel van dit boek spreekt voor zichzelf. Ik acht geen andere overgave mogelijk dan die aan mijn dierbaren. Laat ik dus aan hen deze laatste pagina's wijden. Laat wantrouwen en vechtlust even wijken voor vriendschap en liefde.

Een allemansvriend – moet ik het nog zeggen? – ben ik niet. Maar er zijn mensen die ik zo bewonder, en die hebben bewezen mijn bewondering zo te verdienen, dat ik, mochten ze op dit moment bellen, onmiddellijk in het vliegtuig zou stappen. Naar Los Angeles bijvoorbeeld. Waar Leon de Winter zich een deel van het jaar ophoudt. Ik bewonderde eerst de schrijver, daarna de man. Onze eerste ontmoeting vond plaats in een boekwinkel. Alhoewel, mijn eerste ontmoeting met hem vond daar plaats, hij ontmoette mij pas later.

Het was zaterdagmiddag. Ik stond in de rij om een van zijn boeken te laten signeren. Een tikje nerveus, zoals dat gaat als je fan van iemand bent. Eindelijk was ik aan de beurt, ik legde het boek op zijn tafel. Hij vroeg naar mijn naam, krabbelde wat, en keurde me geen blik waardig. Ik kan niet beweren dat me dat volstrekt koud liet. Toch bleef ik een bewonderaar.

Later heeft hij ook mij ontmoet – me aangekeken, en blijkbaar goedgekeurd, want sindsdien is onze band onlosmakelijk. Misschien omdat we elkaar niet slechts in een gedeelde geschiedenis herkennen, maar ook in de strijd die we dagelijks voeren, passioneel, zonder Hollandse terughoudendheid. Hij was het ook die me aanvuurde bij het schrijven van die moeilijke persconferentie in 2007, en hij was het die als een bokser op mijn woorden danste, achter in die lelijke zaal. Ik had honderden mensen voor me, maar ik zag alleen Leon en Jessica.

Misschien is dat een mogelijke definitie van echte vriendschap, liefde: zelfs in de grootst mogelijke menigte zie je alleen die ene.

Zou Eva, mijn vriendin, in een olympisch stadion vol vrouwen staan, dan zag ik alleen haar.

Tsja.

Misschien is een romantischer beeld mogelijk. Maar hoe kan ik haar karakter tekenen, zonder me schuldig te maken aan al te weeïg proza? Misschien door een omweg te nemen. Eva is geboren in de Verenigde Staten. De ouders van Eva zijn gevlucht uit Tsjecho-Slowakije, uit het deel dat nu Tsjechië heet. Ze liet me onlangs een foto van haar vader zien, die veel over hem, en ook over haar zegt.

1968, de Praagse Lente. Een boulevard, een Russische tank. Voor de loop van de tank staat haar vader. Alleen. Een man die later heeft gezegd hoe onverantwoord het was daar te staan, hoe waanzinnig eigenlijk, maar die op dat moment niet anders kon. Hij moest dat doen.

Een andere scène: een tuin, ik schud de hand van Radu, Eva's moeder. Van alle mannen met wie Eva thuis had kunnen komen, krijgen haar ouders mij in de schoot geworpen. Een toch al wat, laten we zeggen, oudere heer.

'Ik ben erg blij om kennis met u te mogen maken', zeg ik.

'Zeg maar "je", schatje', zegt Radu, 'zoveel jaar schelen jij en ik niet.'

Daarmee was het ijs gebroken.

Dat het ook anders kan, weet ik van een kennis, wiens vriendin door haar ouders gedwongen werd te kiezen: wij of hij. Die opstelling grenst aan het criminele. Niets van dat alles bij de ouders van Eva. Zij hadden geen angst voor de reactie van de buitenwereld, ze hadden voldoende vertrouwen in haar verstand en wijsheid om haar vrij te laten in de – soms moeilijke – keuzes die ze moest maken. Dat zegt alles over haar ouders, dat zegt alles over haar. En mocht iemand haar toch dwingen haar liefde te verloochenen, dan zou ze net als haar vader in 1968 niet twijfelen, en doen wat zij juist acht. Omdat sommige dingen nu eenmaal moeten.

Had ik de pen van Leon, had ik de pen van Philip Roth, dan zou ik dagen en hoofdstukken kunnen doorschrijven over Eva. Maar ik ken mijn beperkingen. Ik zal u iets vertellen dat u wellicht verbaast. Soms denkt die man die u op uw beeldscherm ziet – zwarte toga, witte bef, gebogen over het katheder – dat zijn vak, hoe belangrijk en mooi ook, weinig voorstelt in vergelijking met het werk van grote componisten, schrijvers, schilders, dichters. Als ik kon componeren, zou ik een muzikaal portret van mijn dochter, Chaya, maken. Een portret waarin als vanzelf mijn vader door zou klinken, zozeer zijn hun klankkleuren gelijk. Als ik kon schilderen zou ik Nathan vereeuwigen, op de Dam, wijzend naar atlas. En als ik kon dichten... Dan zou ik een gedicht willen schrijven dat al geschreven is.

Ik hoorde dit gedicht van Willem Wilmink voor het

eerst toen Joost Prinsen het op televisie voordroeg, won-
derschoon, en hij bij de laatste strofes brak. Het is geen
vrolijk slot van dit verslag, maar een beter kan ik niet bedenken. En gelukkig – goed nieuws voor mijn vrienden,
slecht nieuws voor mijn critici – is dit boek slechts een tus-
senstand.

Over vijftien jaar spreek ik u weer.

Op een lijst van artiesten, in de oorlog vermoord,
staat een naam waarvan ik nog nooit had gehoord,
dus keek ik er met verwondering naar:
Ben Ali Libi. Goochelaar.

Met een lach en een smoes en een goocheldoos
en een alibi dat-ie zorgvuldig koos,
scharrelde hij de kost bij elkaar:
Ben Ali Libi, de goochelaar.

Toen vonden de vrienden van de Weduwe Rost
dat Nederland nodig moest worden verlost
van het wereldwijd joods-bolsjewistisch gevaar.
Ze bedoelden natuurlijk die goochelaar.

Wie zo dikwijls een duif of een bloem had verstopt,
kon zichzelf niet verstoppen, toen er hard werd geklopt.
Er stond al een overvalwagen klaar
voor Ben Ali Libi, de goochelaar.

In 't concentratiekamp heeft hij misschien
zijn aardigste trucs nog wel eens laten zien
met een lach en een smoes, een misleidend gebaar,
Ben Ali Libi, de goochelaar.

En altijd als ik een schreeuwer zie
met een alternatief voor de democratie,

denk ik: jouw paradijs, hoeveel ruimte is daar
voor Ben Ali Libi, de goochelaar.

Voor Ben Ali Libi, de kleine schlemiel,
hij ruste in vrede, God hebbe zijn ziel.

Willem Wilmink
Uit: *Verzamelde liedjes en gedichten*
Amsterdam, Prometheus, 2008

Persconferentie Abraham Moszkowicz inzake Holleeder

In januari 2006 werd mijn cliënt Willem Frederik Holleeder gearresteerd. Holleeder is sinds 20 jaar mijn cliënt. Enkele dagen na zijn arrestatie werd ik in het bezit gesteld van het dossier. Opvallend was dat ik daarin als zijn raadsman een prominente rol toebedeeld heb gekregen. U weet daar allen van. Ik noem als voorbeeld de scooters, de camera's en de auto's. Zou het daarbij zijn gebleven, dan had ik daarmee kunnen leven. Maar men is verder gegaan.

Het dossier was doorspekt met suggesties, insinuaties en verdachtmakingen. Dit heeft mij ertoe gebracht direct een brief te sturen met daarin niet alleen een weerlegging van het een en ander, maar ook – vooral – het volgende: mijn bezwaar tegen de inhoud van het dossier voor zover die inhoud zag op zaken, waarvan ik tot op de dag van vandaag vind dat die daar niet in hadden thuis gehoord.

Wat een advocaat niet vaak overkomt, overkwam mij wel. Ik kreeg uit alle geledingen van de advocatuur steunbetuigingen. En, belangrijker nog, leden van de rechterlijke macht en anderen gaven blijk van steun en bezorgdheid over deze handelwijze van de zaaksofficieren. Het OM heeft niet geschroomd om mijn privéleven – dus dat van Holleeders raadsman – althans: dat wat het OM veronderstelt als te zijn mijn privéleven, in de goot te gooien. Insinuaties, halve waarheden, hele leugens, niets hield het OM tegen in de jacht op mijn cliënt.

Tijdens de eerste pro-formazitting heb ik in het openbaar uitgebreid en gemotiveerd stelling genomen tegen de soms infame beschuldigingen aan mijn adres die deel zijn gaan uitmaken van het dossier. Voor mij was daarmee in principe de kous af. Bovendien: een van de zaaksofficieren, mr. Fred Teeven, trad door zijn gang naar de Tweede Kamer terug als Officier in de zaak Holleeder en heeft publiekelijk zijn excuses aangeboden voor delen van het dossier waarin ik oneigenlijk ben opgevoerd. Dat excuus is door mij destijds in dank aanvaard.

Ik heb met de Deken van de Orde van Advocaten te Amsterdam gesprekken gehad – ik ben niet op het matje geroepen – over de wijze waarop ik de verdediging van Holleeder zou voeren. Meer in het bijzonder is stilgestaan bij de vraag, of ik de heer Holleeder kon verdedigen indachtig het feit dat ik enkele jaren geleden de belangen van wijlen de heer Endstra eveneens had behartigd. Ik heb de Deken uiteengezet hoe ik mij een en ander voorstelde en de Deken heeft niet gemeend mij het advies te moeten geven mij terug te trekken als raadsman van de heer Holleeder. Er zijn tussen ondergetekende en de Deken (zo U wilt: de Orde) afspraken gemaakt. Met name over de wijze waarop ik de heer Holleeder zou kunnen verdedigen zonder daarbij de belangen of de nagedachtenis van de heer Endstra uit het oog te verliezen. Hierover is aandachtig en intensief gesproken. Er is goed over nagedacht. Bovendien en bovenal heb ik mij aan deze afspraken gehouden. Dat moge blijken uit het feit dat de Deken en de Orde niet hebben gemeend in te moeten grijpen in mijn lijn der verdediging voor de heer Holleeder.

Tot zover een schets van de ontwikkelingen in mijn contacten met het Openbaar Ministerie, Orde van Advocaten en ook de rechtbank; de functionarissen op wie ik mij in een strafzaak in eerste instantie heb te richten. Ik wil hierover nog het volgende zeggen. In mijn beroepsgroep is voorzien in een klachtprocedure, waarbij het optreden van de advocaat door belanghebbenden aan de orde kan worden gesteld. Zo'n klacht bleef uit. Zo'n klacht werd ook niet ambtshalve ingediend door een van de functionarissen (zoals een Officier van Justitie, een lid van de rechtbank, een rechter-commissaris, of de Deken zelf). Dit terwijl U van mij mag aannemen dat al deze functionarissen al mijn woorden en daden in deze zaak op een goudschaal wegen. Niets daarvan: ik kon gewoon mijn werk doen in de zaak Holleeder en zodoende is er ten overstaan van de rechter-commissaris een groot aantal getuigen gehoord (de proformazittingen). Pas vier dagen geleden is er een klacht ingediend. Hierover later meer.

Er zijn in het laatste decennium weinig rechtszaken geweest die tot zoveel ophef hebben geleid als de Holleeder zaak. Dat er ophef zou ontstaan was te verwachten, maar er is nu meer gaande dan alleen ophef. Het proces tegen Holleeder moet nog beginnen, maar voor velen is hij al veroordeeld.

Willem Holleeder is veroordeeld geweest voor een opzienbarend misdrijf, de ontvoering van Freddie Heineken, een voorval dat ook de wereldpers haalde. Mijn cliënt Holleeder heeft daarvoor zijn straf ondergaan. Maar zijn reputatie werd driftig door de media in stand gehouden. Eens een misdadiger, altijd een misdadiger – een negentiende-eeuwse gedachte die terecht door onze samenleving is begraven – lijkt in het geval van deze zaak een springlevend credo te zijn.

Na het luwen van de ophef rond de inbreng van mijn zogenaamde privéleven in de zaak Holleeder verflauwde de interesse in de zaak niet – dat hoeft ook niet – maar in ieder geval was de discussie rond Holleeders advocaat niet langer een item. Met het nieuwe jaar echter is er een beweging op gang gekomen, zijn er krachten gebundeld, zijn er offensieven in stelling gebracht, met het kennelijke en enige doel om mij in deze zaak de verdediging van de heer Holleeder onmogelijk te maken.

Die beweging werd ingezet (deze stelling durf ik zonder meer aan) met een verzoek van het Openbaar Ministerie aan mij, kort voor de pro-formabehandeling van 7 januari jongstleden. Een verzoek om het Openbaar Ministerie te informeren waar de videobanden waren gebleven. Dit betreft videobanden van opnamen die zijn gemaakt van een inkijkoperatie door Justitie in het kantoor van de heer Endstra. Het Openbaar Ministerie is al jaren bekend met het feit dat ik van die inkijkoperatie wist, het dossier Holleeder is al een jaar oud, maar juist vóór die pro-formazitting werd deze vraag gesteld. Dit terwijl duidelijk is, dat gegevens over een inkijkoperatie van de politie in het kantoor van de heer Endstra helemaal niet relevant zijn voor de zaak Holleeder. Bovenal gaat het mij bij dit punt met name om het tijdstip waarop het OM heeft gemeend mij de betreffende vraag te moeten stellen. Namelijk precies in de periode waarin ook het gerucht van een door de erven Endstra in te dienen klacht al in de lucht hing. Houdt U dat gegeven goed vast.

Een tweede belangrijke mijlpaal is het volgende: de hoofd-redacteur van Quote veroorlooft het zich om mijn zo-genaamde *'dubbele rol'* aan de orde te stellen. Jort Kelder noemde mij een *'maffiamaatje'*, een *'beroepsleugenaar'*, en hij beschuldigde mij ervan koffers met zwart geld te hebben aangenomen van criminelen.

Ik moet hier even bij stil staan omdat ik gedwongen werd om daarop te reageren: ook voor een advocaat zijn er gren-zen. De grenzen van de waarheid, van fatsoen, en de gren-zen van wat in een rechtsstaat onbewezen aan beschuldi-gingen in de openbaarheid kan worden geuit.

Kelder beschuldigde mij zelfs van strafbare feiten, namelijk het aannemen van koffers zwart geld en het schenden van mijn geheimhoudingsplicht. Het ging Kelder, zo beweerde hij, om de zuiverheid van de reputatie van de advocatuur.

Dat is opmerkelijk voor een man die zich nooit heeft laten betrapen op enige zorg voor de zuivere reputatie van de journalistiek.

Kelder vindt dat de reputatie van een vermoorde man moet worden beschermd. Willem Endstra heeft er volgens Kelder recht op dat de vertrouwensband tussen Endstra met zijn toenmalige raadsman ook na diens dood in stand blijft. Dit ben ik in principe met Kelder eens.

Alles wat tussen Endstra en mij is besproken in onze client-raadsman relatie, is confidentieel, en dat blijft zo. Er is geen dubbele rol. Van geen enkele zijde heeft men dan ook kunnen aangeven, waaruit die in concreto zou bestaan. Het is mijn opdracht en plicht om mijn cliënt Holleeder bij te staan in een zaak waarin het OM zich door geen enkel richtsnoer laat tegenhouden. Het is evenzeer mijn opdracht en plicht om mijn verantwoordelijkheden ten opzichte van al mijn andere cliënten, dood of levend, na te komen. Als gezegd zijn hierover ten overvloede nog eens duidelijke afspraken gemaakt met (de Deken van) de Orde van Advocaten.

Degene die iemand van dergelijke ernstige (strafbare) zaken beschuldigt, dient zich te verantwoorden en bewijzen aan te voeren. Kelder heeft zich dienaangaande geuit, en is verantwoordelijk voor zijn woorden. De rechter meende dat Kelder zich bediende van beeldspraak, ook al is deze mening in directe tegenspraak met Kelders eigen uitlatingen. Hij wilde mij van een misdrijf betichten, hij heeft dit bij herhaling bevestigd, maar gedurende de zitting voerde zijn raadsman aan dat Kelder slechts had willen bijdragen aan een discussie over de betaling aan strafadvocaten. Wat heeft dit overigens hoe dan ook te maken met wijlen de heer Endstra?

Als ik de heer Kelder ervan zou willen beschuldigen dat er in zijn redactielokalen net zo veel cocaïne wordt gebruikt als bij andere kantoren gemalen koffie wordt verwerkt, wil ik dan een discussie over het cocaïnegebruik in het algemeen initiëren of wil ik dan Kelders reputatie beschadigen?

Is het niet wrang, cynisch, dat de heer Kelder zich geroepen voelde om een discussie aan te zwengelen over de vraag, of het mij vrij zou staan de heer Holleeder bij te staan nu hij vermoed wordt betrokken te zijn bij de afpersing van de heer Endstra, terwijl de heer Kelder de heer Endstra in het verleden volledig kapot had geschreven? Hij is één van degenen geweest die de reputatie van de heer Endstra tot op het bot heeft willen beschadigen. Daarbij werd hij eerst teruggefloten door de kort geding rechter (dezelfde mr. Poelman; daar kom ik nog op terug). In een nieuw kort geding kwam hij vervolgens op de proppen met de beruchte bankjesfoto. Daaruit zouden de goede betrekkingen tussen de heer Holleeder en de heer Endsta onomstotelijk blijken. Daarop vergunde de voorzieningenrechter – weer mevrouw Poelman – alsnog het uitkomen van de betreffende gewraakte editie van Quote. Immers: als mevrouw Poelman een foto ziet van twee mensen, dan blijkt daaruit dat die personen innig verbonden zijn. Wellicht vraagt zij zich in retrospectief – in het licht van de verdenkingen die de heer Holleeder aankleven – nog eens af, of de uitleg die aan die foto indertijd is gegeven, wel de juiste is geweest. Kortom: dezelfde Kelder die zich nu zo op de borst klopt, dat hij Willem Endstra als laatste journalist heeft gesproken, sprak over hem destijds in de volgende termen: *'de nog net niet vermoorde onschuld'*.

Even terug, houdt U in gedachten:

1. het tijdstip waarop ik de brief van het OM kreeg over de videobanden;
2. het tijdstip waarop Kelder met zijn hetze begon; want dan bespreek ik nu;
3. het tijdstip waarop het Rijksrechercherapport is ingebracht.

De derde mijlpaal. Ik leg het even uit. De Rijksrecherche heeft een onderzoek gedaan naar het zogenaamde 'lekken' van stukken die betrekking hadden op een strafzaak tegen de heer Endstra. Dit onderzoek is afgesloten in het jaar 2004. Het rapport heeft dus bijna drie jaar op de plank gelegen zonder dat het noodzakelijk werd geacht om het in te brengen in het Holleederdossier. Welnu: dit Rijksrechercherapport is vorige week dinsdag ingebracht.

Dit tijdstip valt samen met:

– de periode waarin mij wordt gevraagd uitleg te verschaffen over de videobanden;

- de periode waarin de heer Kelder zijn wijsheden debiteert;
- de periode waarin de al langer aangekondigde klacht van de erven Endstra wordt ingediend, terwijl van die klacht deel uitmaakt een kopie van datzelfde Rijksrecherche onderzoek.

Daarnaast mocht ik vorige week andere nieuwe stukken ontvangen die waren gevoegd in het Holleederdossier, waaronder – nota bene – een door de Recherche bij de Belastingdienst opgevraagde loonspecificatie met daarin de privacygevoelige gegevens van alle medewerkers in dienst bij de maatschap Moszkowicz in het jaar 2002.

Daarmee is nog eens bevestigd dat het Openbaar Ministerie er niet voor terug blijft schrikken elk egard voor de advocatuur en elk egard voor mijn kantoor met voeten te treden. Men kan nauwelijks anders concluderen dat als het om mijn kantoor gaat, alles gepermitteerd is. Zo is mijn secretaresse door CIE-mensen benaderd in een café. Voor het goede begrip: mijn secretaresses hebben een geheimhoudingsplicht. Een andere secretaresse werd gehoord als ware zij de eerste de beste ooggetuige van een verkeersongeval. Mijn privéleven wordt op geen enkele wijze gerespecteerd. De salarisgegevens van al mijn medewerkers worden geopenbaard. Dat zijn de methodes van de politie en het Openbaar Ministerie in 2007.

U zult hebben begrepen uit het voorgaande dat ik ook enigszins kritiek op U, vertegenwoordigers van de media, heb. In die zin dat een aantal vertegenwoordigers van de media klakkeloos en zonder (goed) onderzoek negatieve berichtgeving over mij overneemt of zelfs versterkt. Ik geef U een voorbeeld. Afgelopen zaterdag in de kwaliteitskrant NRC-Handelsblad. Op pagina 1 staat de kop: '*Moszkowicz slaat op de vlucht na ernstige dreiging.*' Van de tientallen mogelijkheden die deze krant had om het feit van de waarschuwing die ik ontving op neutrale wijze te omschrijven, werd gekozen voor de vorm '*op de vlucht slaan*'.

'Op de vlucht slaan' is iets actiefs, is een impulsieve poging om aan gevaar en dreiging te ontkomen door afstand te nemen, te ontkomen, weg te rennen. Het kan ook anders. Het Financieele Dagblad kopte: '*Politie brengt advocaat Moszkowicz in veiligheid.*' Deze zin dekt de werkelijkheid, de kop van NRC-Handelsblad daarentegen roept het beeld op van een bange laffe man die halsoverkop zijn huis verlaat.

Dan nu de bespreking van het kort geding vonnis van afgelopen week. Mevrouw Poelman verschijnt ten tonele. Deze rechter was van oordeel dat voor een 'publieke figuur' andere normen gelden dan voor niet-publieke figuren. Dit is, vanuit een moreel standpunt, een onzinnige opvatting, en, vanuit een juridisch standpunt, volkomen lariekoek. De wet geldt voor eenieder en maakt geen onderscheid tussen publieke of niet-publieke figuren.

De aanvallen die ik geregeld te verduren krijg door mijn optredens in de openbaarheid zijn soms fel, kwetsend, pijnlijk, en als publieke figuur ontwikkel je een dikke huid om daarmee te kunnen bestaan. Peter R. De Vries leerde mij: *'If you can't stand the heat get out of the kitchen.'* Maar dit incasseringsvermogen staat los van de juridische werkelijkheid, die ook mij het recht biedt op bescherming van mijn eer en goede naam. In de wet kan de rechter geen enkel aanknopingspunt vinden voor haar stelling dat ik als publieke figuur minder rechten zou hebben dan een niet-publieke figuur.

De rechter meent mijn, zoals zij stelt, *'minder vleiende uitingen'* ten aanzien van Jort Kelder, gelijk te kunnen stellen aan Kelders aanvallen op mij – aanvallen die zij notabene zelf als uiterst diffamerend aanmerkt. De rechter ging akkoord met Kelders verweer dat hij een discussie in het algemeen wilde aanvangen, en ging dus voorbij aan de feiten van Kelders op de persoon gerichte beschuldigingen. Bovendien ging de rechter eraan voorbij, dat de betreffende beschuldigingen iedere relevantie ontberen voor het – zogenaamd – aanzwengelen van zo'n discussie.

In haar overwegingen ten aanzien van het bezigen van de term *'maffiamaatje'* betrok de rechter 'feitenmateriaal' dat zij ontleende aan artikelen in de media. Over feiten gesproken. Wat zijn de zogenaamde feiten? Die zijn als volgt:

1 de vermeende bedreiging van Endstra op mijn kantoor door Holleeder. Ik ben door geheimhouding gebonden. Dit maakt onderdeel uit van de klacht en ik zal mij in de klachtenprocedure verdedigen. Wacht U de uitkomst van de klachtprocedure af. Ik wil er slechts over zeggen,

dat ze Endstra zover hebben proberen te brengen mij in deze affaire te betrekken, maar dat Endstra zelf heeft verklaard mij daarbij niet betrokken te achten.

2 ik zou door Endstra aan mij in bewaring gegeven video-banden ondanks zijn daartoe strekkende verzoek niet hebben teruggegeven en die banden zouden vervolgens bij Peter R. de Vries terecht gekomen zijn.

Ik kan daar de volgende opmerkingen over maken.

Ik heb het vertrouwen van Endstra niet beschaamd. Ik heb Endstra niet het zijne onthouden. Ik heb de banden niet gelekt aan Peter R. de Vries, ook niet indirect, en Peter R. de Vries heeft ondubbelzinnig verklaard deze banden niet van mij te hebben ontvangen;

3. er zou door mij, of via mijn kantoor, een proces-verbaal in de zaak van de heer Endstra zijn gelekt. Dat zou zelfs zijn gebeurd in een periode dat de heer Endstra mijn cli-ent was en het zou ook nog eens zijn gebeurd om de heer Endstra moedwillig te beschadigen.

Deze aantijging maakt onderdeel uit van de klacht van de erven Endstra en ik zal mij in de klachtprocedure inhou-delijk verweren. Ik volsta thans met de opmerking dat het Rijksrechercherapport mij niet als verdachte bestempelt: de conclusie van dit rapport is immers niet dat dat proces-verbaal door mij of een van mijn medewerkers is gelekt. Ik heb het vertrouwen van Endstra niet beschaamd. Ik heb mijn geheimhouding niet geschonden. Ik ben gemachtigd om namens de Deken van de Orde van Advocaten en de Hoofdofficier van het Landelijk Parket, mr. A.I.A.M. Nieuwenhuizen, U mede te delen, dat ofschoon aannemelijk wordt geacht, dat de stukken afkomstig waren vanuit mijn kantoor, te gelden heeft dat (ik citeer):

'Uit het destijds gehouden rechercheonderzoek (kan of mag) *niet de conclusie worden getrokken dat vertrouwelijke stukken door* (mijn) *toedoen naar de media zouden zijn gelekt.'*

Dat waren de belangrijkste drie verwijten. Alle drie zijn niet op feiten gebaseerd en zijn dan ook onbewezen.

Dan is er nog een categorie die niet ziet op mijn relatie met wijlen de heer Endstra en daar kan ik dus iets meer over zeggen. Het gaat dan om mijn relatie met Holleeder in al zijn facetten. In geen geval heb ik diensten aan Holleeder verricht die buiten de grenzen van mijn beroepsoefening vallen.

Ik heb geen vervoermiddelen van hem op mijn naam gehad. Hij heeft geen oneigenlijk gebruik van mijn telefoonlijn kunnen maken. Ik heb niet als postadres gefungeerd (er zijn geen bankafschriften op mijn kantoor binnengekomen en er zijn geen bankafschriften op mijn kantooradres gesteld). Hij heeft niet bij mij kantoor gehouden. Er is niets onoirbaars aan het feit dat hij mij iemand heeft aangeraden om buiten – buiten heren en vrouwen journalisten – camera's te plaatsen ter beveiliging van het kantoor.

Ik zal U nog eens wat anders vertellen: hoe ik er echt over denk.

En nu raak ik het punt van een taboe. Het taboe dat een advocaat slechts puur zakelijk met een cliënt zou mogen omgaan. Dat is een fictie.

U moet zich voorstellen dat ik een relatie heb met een cliënt gedurende 20 jaren. Een cliënt die mijn kantoor zeer vaak frequenteert omdat de man rechtshulp nodig heeft. Ik heb bloed door mijn aderen stromen, waaronder veel advocatenbloed. Ik kom uit een cultuur waarin aan iemand het voordeel van de twijfel wordt gegeven – overigens ook het wettelijk uitgangspunt. Uit een cultuur waarin je iemand niet laat vallen. Een cultuur die niet stigmatiseert en mensen niet tot nummers bombardeert.

Holleeder is dus voor mij een mens en zal dat ook blijven. Weliswaar een die van strafbare feiten wordt verdacht, maar daar op dit moment nog niet voor is veroordeeld.

Als ik hem, zoals in het verleden is gebeurd, op straat tegen kwam dan schudde ik hem de hand. In voorkomend geval heb ik ook een kop koffie met hem gedronken. Het zou slecht met mij gesteld zijn indien ik iedere cliënt wiens belangen ik behartig, zou gaan zien als een dossiernummer, zonder mij verder te verdiepen in de mens achter de verdachte.

Waarom zou ik een dergelijke relatie van 20 jaren lang niet ook op een menselijke wijze tegemoet mogen treden? Waar staat dat dat niet mag?

Iedereen die nu luistert kan – zo niet morgen, dan wellicht in de naaste toekomst – tot verdachte worden gebombardeerd in Nederland anno 2007. Iedereen die nu luistert en kijkt moet weten, dat dat sneller kan gebeuren dan men zelf denkt.

Hoe zou U willen dat ik U dan tegemoet treed? Wilt U dat ik U beschouw als een mens, dat ik U behandel als een mens, dat ik U waardeer als een mens, of wilt U dat ik U als 'maar een verdachte' beschouw, voor wie ik dan mijn best zal doen, maar dat ik daarbij verder geen enkele rekening houd met de mens achter U?

Dit gezegd hebbende moet ik opmerken, dat mediaberichten vaak grove vertekeningen zijn van de aard van mijn betrekkingen met Holleeder en met Endstra. Het zal U verbazen, maar niet alles wat gedrukt wordt is waar.

Voetstoots nam de rechter aan, zonder bewijsstukken, dat zowel Endstra als Holleeder maffiafiguren zijn. Zij baseerde zich ondermeer op stukken in Quote waarvan het waarheidsgehalte op zijn minst twijfelachtig is. Nimmer is de heer Endstra door de strafrechter bestraft voor lidmaatschap van een criminele organisatie. Mijn cliënt Holleeder dient zich zelfs nog voor de strafrechter tegen de verdenkingen door het OM te verweren. Dus: de rechter vergaloppeerde zich vorige week door in haar vonnis beide heren als maffiafiguren te typeren. Wat U, vertegenwoordigers van de media, zich aan halve leugens en kwart waarheden kunt veroorloven, kan een rechter zich niet veroorloven. Waarheidsvinding is essentieel in de rechtsgang.

Daarentegen nam de rechter, zonder zich te beroepen op enig substantieel bewijs of enig eerder vonnis, voetstoots aan dat Endstra en Holleeder maffiafiguren zouden zijn.

Doordat de rechter niet eiste dat de beschuldigingen aan mijn adres met echte bewijsstukken, en niet slechts met onvolledige, en inhoudelijk ondeugdelijke krantenartikelen, gestaafd dienden te worden, verklaarde zij mij feitelijk vogelvrij, met alle consequenties van dien.

Ik heb de voorzieningenrechter niet gevraagd om een publicatieverbod. Ik kan kritiek velen, ik deel het in voorkomend geval zelf uit.

Maar ik moet mij verdedigen tegen de beschuldiging dat ik mijn ambtsgeheim schond en zwart geld zou aannemen. En zeker wanneer die schending van het ambtsgeheim in de media een geheel eigen leven gaat leiden.

Als vorige week vrijdag, in navolging van de door de rechter gesauveerde aantijging, het Journaal als feit brengt dat ik mijn ambtsgeheim heb geschonden, om vervolgens het lichaam van Endstra op de Apollolaan nog eens uit het archief op te duikelen, dan ben ik van mening dat die berichtgeving en de manier waarop die met beelden wordt gelardeerd, minstgenomen beschadigend genoemd kan worden. Of, zoals een Hoofd-Officier dat mij meedeelde, dat het ranzige berichtgeving betreft. Ik héb mijn ambtsgeheim niet geschonden en ik zal mijn ambtsgeheim niet schenden. Ik heb geen tegenstrijdige belangen gediend en zal dat evenmin in de toekomst doen. Ik ben geen beroepsleugenaar en zal dat ook niet worden. Ik neem geen zwart geld aan. Dat er nu een vonnis ligt waarin het een journalist wordt vergund dergelijke ongefundeerde beschuldigen te uiten, laat dat onverlet. Een vonnis overigens waartegen spoedappel is ingesteld en welk vonnis zo nodig tot in hoogste, ook Europese, instanties zal worden aangevochten.

Ik zal U precies vertellen wat ik van dat vonnis vind; het is in ieder geval teleologisch – het werkt toe naar een doel – en, laat ik het maar gewoon zeggen, het is infaam en abject. Hoe kan een voorzieningenrechter dergelijke beschuldigingen tolereren onder verwijzing naar een aantal perspublicaties? Publicaties die van los zand aan elkaar hangen. De leugen regeert. Hoe bestaat het een voorzieningenrechter om op de stoel van de strafrechter te gaan zitten, door (in een zitting van drie uurtjes) mensen met wie ik – vooral zakelijke – betrekkingen heb onderhouden, als criminelen te bestempelen? De strafrechter heeft voor het onderzoek hiernaar drie maanden gereserveerd. En de heer Endstra kán zich op dit punt niet eens meer verweren.

Ik ben niet in de gelegenheid gesteld, niet werkelijk in de gelegenheid gesteld, te reageren op de publicaties die daags voor dit geding, ongerubriceerd en zonder verdere toelichting, in het geding zijn gebracht. Indien de voorzieningenrechter uit hoofde van die publicaties overwoog om de tegenpartij in het gelijk te stellen, zou het niet minder dan rechtvaardig zijn geweest om mij alsnog in de gelegenheid te stellen daarop te reageren. Onder deze omstandigheden. Gezien de ernst van de aantijgingen. Gezien het belang van de zaak. Gezien toch ook mijn reputatie. Want ik hoefde er niet van uit te gaan dat een voorzieningenrechter klakkeloos aanneemt hetgeen in de krant of in een weekblad staat. Ik ging ervan uit, dat de voorzieningenrechter zo niet *wahrheit und dichtung* zou kunnen scheiden, dan toch in ieder geval kritische zin aan de dag zou willen leggen.

Ronduit *unheimisch* wordt het als je als advocaat, die zijn toevlucht moet zoeken bij de onafhankelijke rechter om van de meest kwalijke beschuldigingen gevrijwaard te worden, met het volgende geconfronteerd wordt: dat het predikaat 'beroepsleugenaar' genade vindt aangezien de rechter kennelijk meent dat advocaten en politici voor beroepsleugenaar mogen worden uitgemaakt.

Vorige week donderdag werd het vonnis een feit. Het Rijksrecherche-rapport werd ingebracht. En in een tijdsbestek van nog geen 24 uur wordt:

1. de lang verbeide klacht van de erven Endstra ingediend;
2. bij die klacht betrokken het Rijksrechercheonderzoek dat kort tevoren beschikbaar is gesteld;
3. in de openbaarheid gebracht als zou uit dat Rijksrecher-

che-onderzoek zijn gebleken dat ik mij aan het lekken van gegevens, Endstra betreffende, zou hebben bezondigd, met daarbij (de gotspe) nog de kanttekening dat ik dat zou hebben gedaan opdat Endstra beschadigd werd, terwijl de heer Endstra op dat moment mijn client was;

4. de strafklacht door mij ingediend tegen Kelder naar de prullenbak verwezen. Ik kan U vanuit mijn ervaring als strafadvocaat berichten dat zulke strafklachten zonder uitzondering worden beslecht na maanden. Niet na dagen. Niet na weken. Maar na maanden. Terwijl het Openbaar Ministerie in het verleden had aangegeven dat ik geen verdachte ben, in mei 2006 zelfs werd aangegeven dat niemand uit het dossier enige verdenking jegens mij zou kunnen afleiden, doe ik aangifte jegens Kelder wegens – kort gezegd – eerroof, en die aangifte wordt eigenlijk direct terzijde geschoven.

De *tripartite kongsi* (een goede verstaander kan invulling aan het begrip geven) had het werk nu volbracht.

Ik ga met U naar de kern van de zaak. Het is die atmosfeer geweest waarin een figuur als Jort Kelder kon rijpen en zijn slagje kon slaan. Welke raadsman kan naar behoren functioneren voor een rechtbank wanneer een andere rechter zijn integriteit heeft verkwanseld door toe te staan dat derden hem als maffiamaatje kwalificeren? Kan zo'n raadsman geloofwaardig optreden in de zaak Holleeder wanneer hij er *out of the blue* van beschuldigd mag worden koffers met zwart geld aan te nemen? Het zou een ernstig misverstand zijn om te denken dat het recht zijn loop kan hebben wanneer ik mij uit de zaak terugtrek. Ik ben belasterd, beledigd, verdacht gemaakt. Ik ben na het vonnis van vorige week in mijn integriteit geraakt, maar ik heb de kracht en het vermogen om mijn werk voor de heer Holleeder voort te zetten. Maar, voor alles moet staan het belang van Willem Frederik Holleeder; een van mijn eerste cliënten. Willem Frederik Holleeder wenste en wenst mij als zijn raadsman. Het is niet minder dan een fundamenteel mensenrecht dat een verdachte de raadsman heeft van zijn keuze.

Wat ik nu ga doen beschouw ik als de zwartste dag in mijn carrière en een dieptepunt in de Nederlandse strafrechtpleging. Want een cliënt houdt niet langer de raadsman die hij wenst. Ik ga stoppen met zijn verdediging en waarom? Ik stop omdat het niet langer in zijn belang is om door te gaan. Ik zal mij nog deze week terugtrekken als de raadsman van Willem Holleeder. Wat ik nog nooit heb gezegd doe ik nu wel.

Ik heb grote twijfels bij de vraag of Willem Holleeder anno 2007 in Nederland een eerlijk proces krijgt.

De volstrekt overtrokken reactie op een ingetogen weerwoord, na anderhalf jaar gegeven, door Holleeder zelf, doet wat dat betreft weinig goeds vermoeden.

Het Openbaar Ministerie heeft in deze zaak grenzen overschreden en rechten met voeten getreden. Mijn rechten, maar ook die van de heer Holleeder. Dat zou op zichzelf nog niet aan een faire strafrechtpleging in de weg hoeven staan.

Maar als de pers, op de voet van het op onderdelen schunnige dossier, in de gelegenheid is en die gelegenheid te baat neemt om de verdachte en zijn advocaat tot de op de grond toe af te breken, en de voorzieningenrechter dat nog eens sauveert, dan is Willem Holleeder aan de heidenen overgeleverd. Ik zou niets liever hebben gedaan dan deze misstand en deze dreigende smet op onze rechtsstaat te bevechten en Holleeders zaak te bepleiten bij de rechtbank Haarlem tot ik er bij neerval, al zou mijn reputatie daardoor aan gruzelementen liggen. Immers als ik in mijn leven voor de makkelijkste weg zou kiezen zou ik mij wel hebben aangesloten bij de jakhalzen die ik juist te vuur en te zwaard wil bestrijden.

Willem Holleeder is evenwel onder de geschetste omstandigheden met mij niet meer het beste af.

Ik blijf mij inzetten voor mijn andere cliënten en zal mij verder inzetten voor nieuwe cliënten. Ik zal in beroep gaan tegen het vonnis van de voorzieningenrechter. Ik zal verweer voeren bij de Deken en de Orde daar waar het de klacht betreft. Ik adviseer de strafrechter (het Hof in Amsterdam) daar waar het de strafrechtelijke aangifte tegen Kelder betreft. In dat opzicht zijn ze nog niet van mij af. Hoe het zal vergaan met Willem Holleeder kan ik niet voorspellen. Ik kan slechts hopen dat ook hij met behulp van zijn nieuwe raadsman mr J.H. Kuipers te 's Hertogenbosch recht zal halen.

Ik sluit af met een citaat dat ik ontleen aan de grootste strafrechtadvocaat die de Verenigde Staten van Amerika hebben gekend, Samuel S. Leibowitz: *'the usual criminal trial is like an iceberg, only one fifth of it can be seen, the remaining fourfifth is hidden. Yet the hidden fourfifth which, to the untrained eye, is never evident in the courtroom, is often the most important and most interesting part of the whole trial'.*

LEON DE WINTER

De halve waarheden over Moszkowicz
in de media

dinsdag 20 februari 2007 11:25

De Nederlandse Vereniging van Journalisten, de NVJ, heeft gemeend zich te moeten uitlaten over de verwijten van Bram Moszkowicz ten aanzien van de berichtgeving in de media over de zaak Holleeder en Moszkowicz' eigen rol daarbij.

De NVJ is verbolgen over Moszkowicz' verwijten. Kennelijk denkt de NVJ dat de media precies, zorgvuldig en integer de geruchtenstroom en de procesgang aan het publiek hebben doorgegeven.

Laten we een kleine steekproef doen.

'Analyse'
Gisteren. Dagblad Trouw. Een goede krant. Opent met het bericht 'De dag dat Willem Holleeder zijn advocaat kwijtraakte.'

Er zijn tijden geweest dat kranten openden met serieuze, feitelijke berichtgeving, maar dat is niet meer. Dit stuk heet een 'analyse'.

Een dergelijk stuk kenmerkt zich vooral door een vreemde mengeling van opinie, halve waarheden en sterke suggesties. Je ziet ze ook in toenemende mate bij de Volkskrant en NRC Handelsblad. Het zijn het soort stukjes waarin een journalist zich alles mag permitteren, want het heet 'analyse', en God weet wat dat is.

Dit Trouw-stuk is van Adri Vermaat. Hij schrijft in de derde zin van zijn stuk: 'Moszkowicz vluchtte vrijdagavond met hulp van nationaal veiligheidscoördinator Tjibbe Joustra om vooralsnog onduidelijke reden naar het buitenland.'

En verderop schrijft Vermaat: 'Ernstige doodsbedreigingen zouden Moszkowicz vrijdag hebben genoopt de politie in te schakelen.'

Uitglijertje

Het is duidelijk dat een journalist wel eens een uitglijertje maakt – die maak ik ook. Maar dit is volslagen onzin, pertinent bedrog van de Trouw-lezer.

Vermaat wist niet wat er vrijdag speelde, en verzint iets – dat noemen ze bij Trouw een 'analyse'. Met dat verzinnen laat Vermaat een bepaalde sfeer, een bepaalde stemming van iets duisters en sinisters ontstaan.

Vermaat is een liegende journalist. Dat weet ik omdat ik precies weet wat er vrijdag gebeurd is.

Niet gevlucht

Moszkowicz heeft met niemand contact opgenomen afgelopen vrijdag, zeker niet met de politie – de politie nam contact met hem op. Hij is niet gevlucht, laat staan dat hij door Joustra naar een plek in het buitenland om 'vooralsnog onduidelijke reden' is gebracht.

Moszkowicz is vrijdagavond met zijn vrouw op het vliegtuig gestapt naar het hotel in een ander land dat hij al op 9 februari had geboekt. Zoals gepland. Een klein vakantieweekendje. Daar is hij geweest, ik heb hem daar gebeld en gesproken.

Vermaats woordkeuze en suggesties van een wanhopige man die de politie inschakelt en vervolgens 'met hulp van' de Nationaal Coördinator Terrorismebestrijding naar het buitenland vlucht, is compleet uit Vermaats eigen duim gezogen.

Corrigeren

Ik ken honderden van dergelijke voorbeelden. Dit is waar Moszkowicz gek van wordt. Het zijn er zoveel dat hij ze niet meer kan corrigeren. Ze bieden een treurig inzicht in de lasterlijke slordigheid van een deel van de Nederlandse journalistiek.

Vermaat had zorgvuldiger en behoedzamer kunnen formuleren, maar dat wilde hij niet. Hij wilde belasteren.

Lees deze zin eens: 'In hun [Vermaat bedoelt: Spong en Hammerstein] kielzog probeerde misdaadjournalist Peter

R. de Vries, bij Pauw & Witteman, de door de media op-gebouwde mythe rond de alleskunner en droomadvocaat in stand te houden.'

Dit heeft niets met journalistiek te maken. Het is een boos-aardig zinnetje van een wrokkige man die kennelijk zwaar gehinderd wordt door Moszkowicz' succes.

Is zo'n type als Vermaat het waard dat de NVJ zich boos maakt? Zijn stuk deugt niet, en vele andere evenmin.

Rustiger

De Volkskrant van vandaag. Op de voorpagina opent ook deze krant met een 'analyse', *whatever that may be.*

Dit stuk is rustiger van toon dan dat van Vermaat, maar ook hier, over Moszkowicz' ontkenning dat zijn kantoor als post-adres voor Holleeder heeft gefungeerd, lees ik flauwekul: 'Vorig jaar zei hij nog, in een door hem geaccordeerd inter-view met de Volkskrant, dat hij Holleeder toestemming had gegeven voor het gebruik van zijn adres. "Holleeder heeft op een gegeven moment domicilie gekozen bij mij op kan-toor voor al zijn contacten met de overheid. Dat geldt voor alle gevallen waarin hij wordt gedagvaard op verdenking van een overtreding of misdrijf tot en met de fiscus".'

Waarom deugt die hele alinea niet? Omdat de woorden in dat interview op geen enkele manier in tegenspraak zijn met Moszkowicz' ontkenning dat zijn kantoor het algeme-ne postadres was van Holleeder.

Holleeder had 'domicilie' gekozen op het kantoor van Moszkowicz – een volstrekt normale gang van zaken, ik heb dat, toen ik een civiele zaak had waarin Moszkowicz voor mij optrad, ook gedaan.

Leugen
Dus de suggestie dat de Volkskrant hem op een leugen betrapt (let op dat 'nog' in: 'Vorig jaar zei hij nog ...') is volstrekt uit de lucht gegrepen.

Er wordt niets toegevoegd in de alinea, de Volkskrant had gewoon Moszkowicz' woorden moeten citeren uit dat interview zonder de suggestie dat zij bewijs hadden van zijn leugen over het postadres – want die leugen zit in de toevoeging 'nog'.

Nu doet de Volkskrant net alsof hij zichzelf tegenspreekt – en dat is niet waar.

Daarna schrijft de Volkskrant: 'Daar hoorde ook een Rabo-rekening van Holleeder bij, die zijn afschriften ontving bij Moszkowicz.'

Dit is geen citaat van Moszkowicz, maar een toevoeging van de krant. Bewijs? Nul komma niks.

Fout
Hoe zat het dan met die afschriften? Holleeder heeft een bankrekening op naam van 'W.F. Holleeder, Mosczkowicz Advocaten' (let op de fout in de naam) laten stellen. Het

adres was het verblijfadres van Holleeder te Wassenaar, niet het kantoor van Moszkowicz in Amsterdam.

Nimmer kwam in het verleden een bankafschrift op naam van Holleeder bij Moszkowicz Advocaten binnen. Of dit nu wel het geval is nu Holleeder in voorarrest zit, weet ik niet, maar dat kan ik nagaan,

Dus: de Volkskrant beschuldigt impliciet Moszkowicz ervan dat hij liegt – en dat is grof en lasterlijk.

Zogenaamde 'feiten'

Zo gaat het maar door. En de hoeveelheid zogenaamde 'feiten' die ontleend worden aan de verhalen van een vermoorde 'bankier van de onderwereld' – dit is het grote probleem van het Openbaar Ministerie: waar zijn de bewijzen voor die verhalen? – is niet meer te tellen in de media.

Ook NRC Handelsblad blinkt uit in 'analyses', die vooral uit halve waarheden en hele suggesties bestaan. Ik schrijf er deze week in de papieren Elsevier over, maar hier nog even aandacht voor het hoofdredactioneel commentaar in NRC Handelsblad van gisteren.

Daar stond te lezen over de incidenten van afgelopen vrijdag: 'Deze dreiging vloeit voort uit zijn moeilijke positie als verdediger van figuren die worden verdacht van zware criminaliteit, in een milieu waar moord een vorm van zakendoen is.'

Hoe weet NRC Handelsblad dit? Ik zal het u vertellen: de NRC weet dit niet. Dit is vrij associëren, meer niet, en dus een hoofdredactioneel commentaar onwaardig. Je kunt in zo'n stuk vragen stellen, maar hier stelt de krant onomwonden dat die 'dreiging' voortvloeit uit Moszkowicz' 'moeilijke positie'. Dit is een lasterlijke suggestie, waarvoor geen enkel bewijs bestaat.

Ook schrijft de krant: 'Het lekken van vertrouwelijke informatie over Endstra naar de media uit het kantoor van Moszkowicz is daarmee in strijd.'

Flauwekul
Ook dit is potsierlijke flauwekul. Niets daarvan is bewezen. Een document dat zich op het kantoor van Moszkowicz heeft bevonden, is gelekt, maar niemand weet door wie, of hoe. NRC Handelsblad beweert dit wel te weten en stelt keihard dat dat het geval is. En dat is het niet. Period. Ook schrijft de krant in dat commentaar: 'Ook zou Endstra op het kantoor van Moszkowicz direct door Holleeder zijn bedreigd, zo blijkt uit het dossier Holleeder'.

Het is heel belangrijk om het volgende te weten: NIETS kan blijken uit het dossier. Het dossier is een verzameling aanklachten waarvan de waarde door de strafrechter moet worden vastgesteld. Het proces moet nog beginnen. Maar NRC Handelsblad schrijft al 'zo blijkt uit het dossier' (vergeet de 'zou' in het eerste deel van de zin – die wordt opgeheven door de stelligheid van 'het blijkt').

Clairy

Nog iets: NOVA. Ik heb een grote zwak voor Clairy Polak, over haar geen kwaad woord. Maar zij begon haar gesprek met een grauwe hoogleraar die kennelijk veel van de advocatuur weet maar alleen zelf niet kan pleiten (maar gelukkig een baantje als hoogleraar vond), met de vraag of Moszkowicz met zijn rede op de persconferentie als pleidooi iets in de rechtbank had kunnen winnen. De man vond van niet.

Maar het was een flauwekulvraag. Het was een persconferentie, een meeslepende, zeer spannende en intense gebeurtenis – ik was erbij – en geen rechtszaak. Clairy had ook kunnen vragen: 'Als dit de x-factor was geweest, wat had u dan van zijn liedje gevonden? En dan had de hoogleraar kunnen antwoorden: 'Nou, ik heb weinig zang gehoord.'

Maar door het gesprek zo te beginnen, zette Clairy wel een bepaalde toon.

Nagesprek

Ook hoorde ik vanochtend op Radio 1 een nagesprek met een vice-president van de rechtbank over de persconferentie. Daarin werd ingegaan op Moszkowicz' bewering dat drie partijen met elkaar contact over de zaak hielden.

In dat radiogesprek werd door de journalist beweerd dat Moszkowicz met een van die drie partijen de voorzieningenrechter bedoelde (de rechter van het kort geding).

Onzin. Dat heeft hij niet bedoeld, hij heeft het niet gezegd. Hij bedoelde de familie Endstra, Jort Kelder en het OM. De rechter is door hem absoluut niet genoemd. Maar de journalist deed alsof dat wel zo was.

Het lijkt me zinnig dat de NVJ haar veroordeling van Moszkowicz' aanval op de media intrekt.

Moszkowicz heeft gelijk. De dagelijkse stroom halve waarheden die de pers over ons uitstort, is niet meer te verwerken.